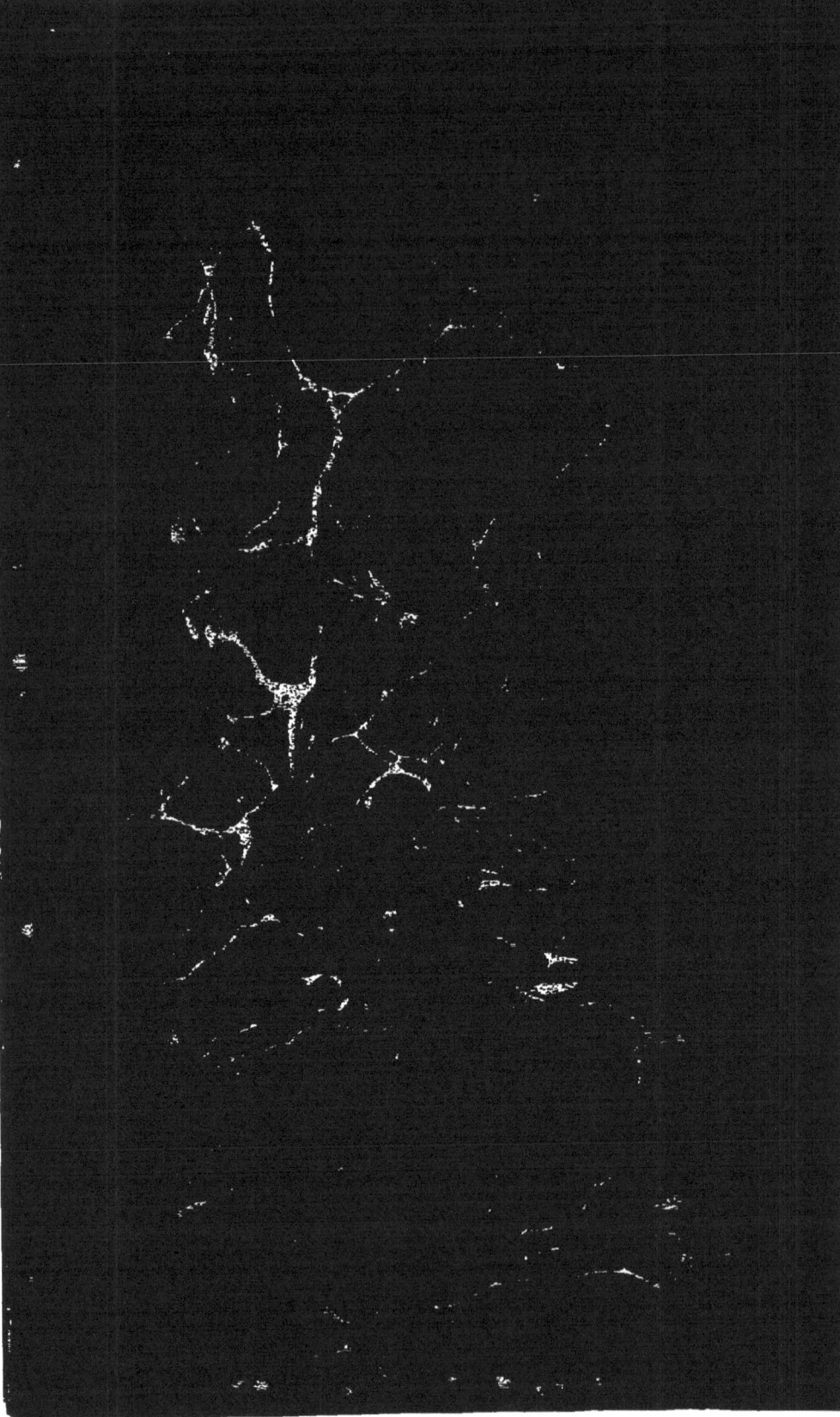

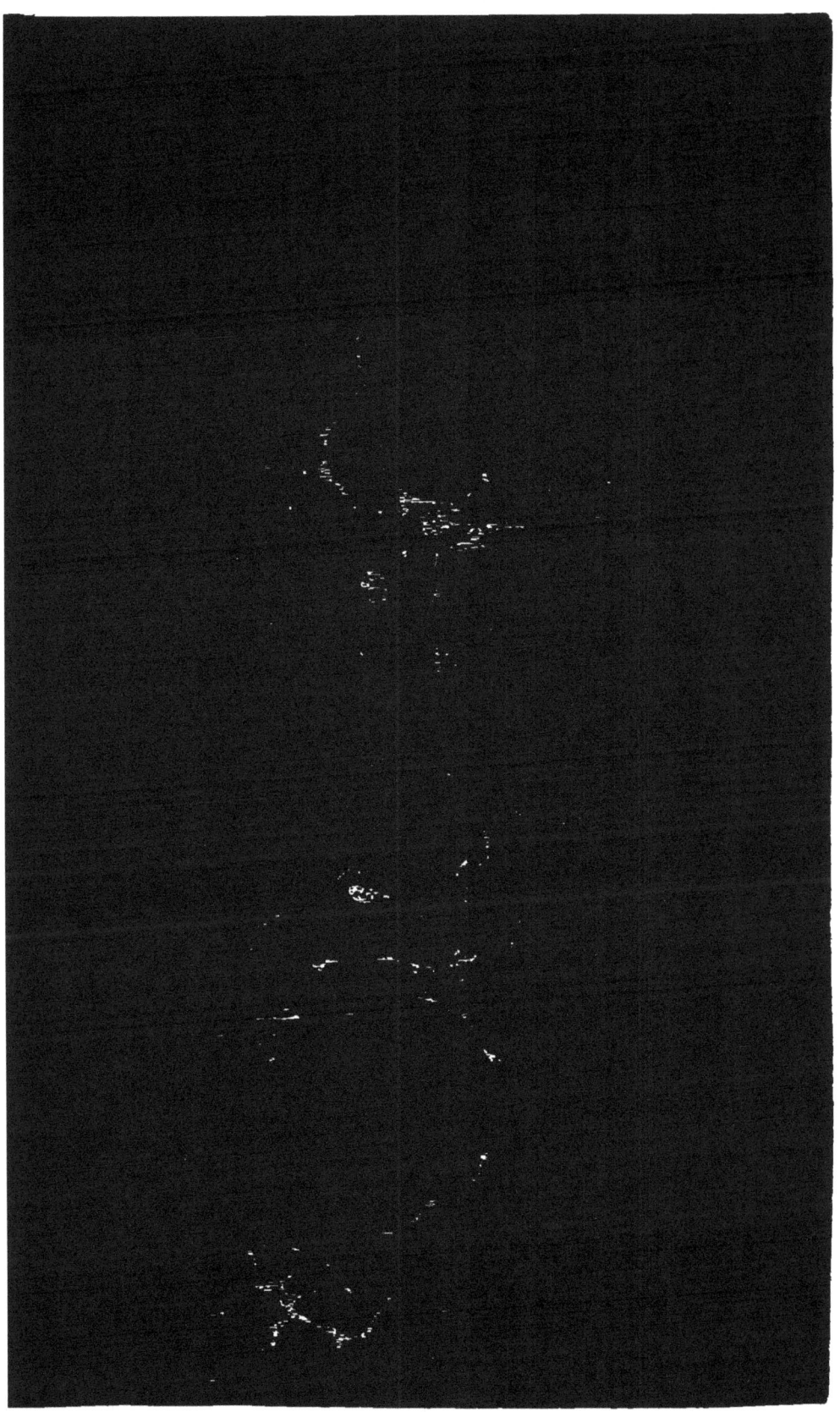

TRAIN DE PLAISIR

A TRAVERS LE

QUARTIER LATIN

PAR

ADRIEN DESPREZ

DEUXIÈME ÉDITION

PARIS
CHEZ TOUS LES LIBRAIRES

1864

TRAIN DE PLAISIR

A TRAVERS LE

QUARTIER LATIN

OUVRAGES DU MÊME AUTEUR

LA PREMIÈRE NUIT DES NOCES

Un volume in-18.

POUR PARAITRE INCESSAMMENT

UNE HEURE DE COMÉDIE

EN PRÉPARATION

LES PHARISIENS

Étude de mœurs contemporaines.

Imprimé par Charles Noblet, rue Soufflot 18.

TRAIN DE PLAISIR

A TRAVERS LE

QUARTIER LATIN

PAR

ADRIEN DESPREZ

DEUXIÈME ÉDITION

PARIS
CHEZ TOUS LES LIBRAIRES

1864

Peu de gens se souviennent d'avoir été jeunes, et combien il leur était difficile d'être chastes et tempérants. La première chose qui arrive aux hommes après avoir renoncé aux plaisirs, ou par bienséance, ou par lassitude, ou par régime, c'est de les condamner dans les autres. Il entre dans cette conduite une sorte d'attachement pour les choses mêmes que l'on vient de quitter : l'on aimerait qu'un bien qui n'est plus pour nous, ne fût plus aussi pour le reste du monde : c'est un sentiment de jalousie.

Labruyère.

I

Entrée en matière. — Corrège et le docteur Gall. — A quoi tient une vocation. — Les yeux en chemin de fer et les jambes au théâtre. — L'accent circonflexe et les gants blancs. — Un chapeau jaune et un châle rouge. — *Trepidæ matres*. — La première chose qu'on voit en arrivant à Paris.

Tu vas être étonné, mon cher Paul, de me savoir à Paris, quand tu m'as laissé, il y a quelques jours, paisible chasseur dans mes montagnes. Je ne suis pas moins surpris que toi de me trouver citoyen de la grande ville. Voici comment.

— Quelle carrière veux-tu embrasser? me demanda brusquement mon père un beau matin.

Il y a des gens qui ont eu le bonheur de naître avocats, poëtes ou millionnaires ; la nature m'a traité en marâtre : ma physionomie est un démenti vivant des théories de Lavater, et ma tête eût fait le désespoir du docteur Gall. Aussi, j'eus beau parcourir les degrés de l'échelle sociale, depuis l'employé du ministère jusqu'au directeur des télégraphes, toutes ces positions me parurent les mêmes, indifférentes ou ennuyeuses, et aucune ne m'arracha le fameux cri du Corrége.

— C'est-à-dire, reprit mon père, que tu as comme beaucoup d'autres du goût pour ne rien faire.

Il prit mon silence pour une affirmation, et continua :

— Eh ! bien, mon ami, tu vas aller à Paris faire ton droit.

La conclusion m'étonna ; c'était un peu l'histoire des médecins qui ordonnent les eaux aux malades imaginaires.

Au fond, je n'étais pas fâché : c'était trois ans de liberté, c'était Paris, c'était surtout cette vie d'étudiant, dont on dit tant de bien à vingt ans, tant de mal à quarante. Mon départ fut lestement préparé ; chacun me donna des avis, des conseils ; on me parla des dangers de la capitale, ceux qui ne la connaissaient pas bien plus que ceux qui l'avaient longtemps habitée, et hier je m'embarquais muni de sages recommandations, de préceptes salutaires, bien plus que de lettres de change et de billets de banque.

Je ne sais si tu es comme moi, mais je suis aussi embarrassé de mes yeux en wagon, que de mes jambes au théâtre. Quel supplice que ce vis à-vis forcé de plusieurs heures avec une figure antipathique ou ridicule! Quel écueil quand c'est une femme jeune et jolie! Pour ne pas blesser les lois de la modestie, il faut sortir pour le moins d'un collége de jésuites. Heureusement, je ne me suis pas trouvé dans cette position délicate. Le sexe féminin y était représenté par une grosse dame de cinquante ans, accompagnée de son mari et de son fils, dans lequel je flairais un futur compagnon d'école. A l'autre bout du wagon, un jeune homme au grand nez, surmonté d'un lorgnon en accent circonflexe, cherchait dans le journal pour rire un adoucissement aux ennuis de la route. J'allais, je crois, céder au sommeil, quand l'arrivée d'un nouveau personnage vint interrompre cette scène muette : une casquette en velours rouge, un alpaga orange, une cravache et des gants blancs complétaient l'accoutrement du nouveau venu, qui vint se placer auprès du voyageur au lorgnon.

— Eugène! — Amédée! s'écrièrent les deux jeunes gens, en échangeant des poignées de main.

— Quel heureux hasard de nous trouver ainsi compagnons de route.

— J'ai bien failli manquer le train ; une dispute à cause de Diane.

— Qui ça, Diane ?

— Une levrette superbe, mon ami; on l'a fourrée je ne sais où, avec tous les chiens possibles.

— C'est affreux, en effet, qu'il n'y ait pas de première classe pour les chiens de qualité.

— Mais toi qui n'a plus d'inscriptions à prendre, qui te force à revenir si tôt ?

— Ma thèse qui est prête, et tous les voleurs, tous les assassins de mon charmant pays qui m'attendent impatiemment pour les protéger contre la justice.

Tu juges si je devins attentif au dialogue des deux interlocuteurs; mes voisins non plus ne perdaient pas une parole dans leur indifférence affectée. Mon futur compagnon dormait, mais, je crois, d'une oreille seulement; car, à certains passages plus intéressants ou plus scabreux, un sourire de satisfaction errait sur sa face réjouie.

— A propos, dit le jeune homme au lorgnon, je dois trouver Clara à Fontainebleau.

— C'est comme moi, j'ai écrit à Augustine de venir m'y chercher.

Je ne saurais te donner une idée de l'effet foudroyant que ces paroles produisirent sur mes voisins. Ce fut un vrai coup de théâtre. La grosse dame leva douloureusement les yeux et les bras vers le ciel; son mari regarda la portière d'un air anxieux, comme pour s'y précipiter au péril de ses jours; et le jeune dormeur laissa sa figure s'épanouir, comme si un songe heureux eût passé dans son sommeil. Le train s'arrêta aussitôt, et deux femmes se précipitèrent dans le wagon comme une avalanche, laissant derrière elles une longue traînée de soie et de crinoline. Le visage de mon jeune voisin, effleuré au passage, tressaillit à ce contact magnétique.

Tu n'attends pas de moi la peinture de cette scène de famille ni de l'épanchement de ces deux couples fortunés. L'une des deux était une brune vive et jolie, ornée d'un chapeau jaune sans pareil; l'autre, une blonde indolente, enveloppée dans un immense châle rouge.

— Que m'apportes-tu? disait le chapeau jaune au lorgnon.

— Mon cœur.

— Et ma robe de soie? murmurait le châle rouge à son voisin.

— Les fabriques de Lyon n'en ont plus. On les a toutes enlevées pour les femmes jaunes de Taïti.

— D'ailleurs, ajoutait le lorgnon, le gouvernement va supprimer les robes et les crinolines, et, selon le précepte de Platon, les femmes vont aller parées de leurs seules vertus.

— J'en connais bien qui mourront de froid cet hiver, grommela le chapeau jaune.

Pour mes voisins, tournant le dos à cette scène d'intérieur, ils comptaient consciencieusement les piquets du télégraphe qui s'enfuyaient rapidement devant leurs yeux, non, toutefois, sans jeter de temps à autre un regard en arrière. La grosse dame surtout usait souvent de cette faculté que possèdent les femmes pour voir par côté et même par derrière elles.

— Pardon, madame, la fumée m'incommode, dit-elle au chapeau jaune qui roulait une cigarette dans ses doigts effilés.

— Vieille sorcière! grommela la grisette en jetant sa cigarette avec dépit; le beau malheur, quand même elle serait malade!

Et, pour calmer sa mauvaise humeur, elle s'agitait et se remuait de toutes les façons : tantôt montrant un pied aussi petit que bien chaussé; tantôt murmurant un refrain dont les paroles n'arrivaient pas jusqu'à moi; tantôt, oserai-je le dire, déposant un baiser sonore sur la joue de son amant.

Enfin, le supplice de mes pudiques voisins trouva son terme : la machine jeta des cris aigus et le train s'arrêta. Nous étions à Paris. Les deux couples s'envolèrent prestement et eurent bientôt disparu sous les arcades. En attendant mes bagages, je me trouvais encore à côté de mes voisins de route.

— Mon ami, disait la grosse dame à son mari, tu vois les dangers que va courir Edgard : qu'a-t-il besoin d'être avocat ? il plantera ses choux près de nous, et en sera plus heureux.

La porte de la salle s'ouvrit en ce moment et je ne pus entendre la réponse. Pour moi, je ne pensais qu'au chapeau jaune, il remplissait mon esprit : j'oubliai de saluer la colonne de la Bastille, je traversai les boulevards sans émotion, et j'y ai rêvé toute la nuit. Ce matin, je me suis levé après un sommeil agité : un ciel gris, un océan de cheminées et de toits d'ardoises, voilà encore tout ce que j'ai vu de la capitale.

Adieu, je vais parcourir mon nouveau séjour, et ma première lettre te dira mes impressions.

II

Cours de géographie. — Abeilard et le vin de Champagne.— Plus de passeports. — Paradoxe : un ami est quelquefois utile. — L'être qui nous porte le plus d'intérêt.— Les colombes de l'hôtel Corneille. — Les couvents modernes. — Un confesseur dans le commerce. — Souvenir de la grande armée.

Le pays latin est borné au midi par le Luxembourg, au nord par la Seine ; la rue Saint-Jacques le sépare du quartier Mouffetard, et celle des Saints-Pères le rend limitrophe du noble faubourg. Ce n'est plus cet antique quartier aux rues sombres et tortueuses, groupées autour de la montagne de Sainte-Geneviève, pour écouter les leçons d'Abeilard : il a fait un pas, et, secouant ses vieilles dépouilles, il a porté plus loin sa tente pour les nouvelles générations et les nouvelles idées. Le ciel est toujours serein dans cet heureux climat, les jours y coulent presque tous sans nuage. Le tabac, la bière, le vin de Champagne croissent en abondance sur ce sol fécond; seules les mines d'or, si nombreuses outre-Seine, manquent dans cet heureux pays.

La population est jeune et riante, ses mœurs sont douces et faciles, quoique parfois turbulentes, mais très-hospitalières pour le beau sexe surtout : aussi, bien souvent des voyageuses inconnues viennent visiter cette terre amie du plaisir, où la jeunesse et la beauté ont toujours servi de passeport.

J'allais me perdre au milieu de ces longues rues pleines d'hôtels, de cafés, de restaurants, qui font deviner une population nomade et changeante, quand un hasard favorable me fait rencontrer G***, notre ancien ami de collége, pour me servir de guide dans ce labyrinthe.

— Ah! parbleu! s'est-il écrié, tu ne pouvais mieux t'adresser : j'ai habité tous les hôtels, je connais toutes les chambres. Ne crains pas d'en manquer; ce quartier s'est fait auberge à notre usage. Pour que tu puisses choisir à ton aise, je vais t'en faire passer la revue complète, depuis la modeste chambre garnie, jusqu'à ces hôtels populeux qui renferment plus d'étudiants que le cours de la plupart des professeurs.

Il m'a trop bien tenu parole et ne m'a pas fait grâce du plus petit coin. C'est dire que nous avons frappé à toutes les portes et gravi tous les escaliers. Certaines rues, qu'il s'abstient de traverser pour cause politique, ont seules échappé à notre visite. Si quelque propriétaire, se départant de cette patiente résignation qui est l'âme du commerce, laissait voir quelque velléité de mauvaise humeur :

— Ils y sont faits, disait G***, c'est leur pain quotidien. D'ailleurs on ne saurait être importun avec de pareilles gens !

Et nous poursuivions de plus belle notre excursion. Sur notre route quelqu'un l'arrêta pour lui demander des nouvelles de sa santé avec une sollicitude vraiment touchante.

— Voilà un monsieur qui s'intéresse bien à toi !

— Ce n'est pas étonnant, c'est mon tailleur qui est en même temps mon créancier.

Quelques pas plus loin il m'arrêta pour me montrer les ruines de l'ancien hôtel Corneille.

— C'était le géant des hôtels, m'a-t-il dit : une ville libre, une petite république, une véritable arche de Noé, peuplée d'animaux de toute espèce, tels que chiens, chats, concierges, garçons d'hôtel, voire même des colombes portant des cigarettes en guise de rameau d'olivier. Mais il est tombé, et cette cour immense, écho de tant de bruits divers et témoin de punchs sardanapalesques, est devenue silencieuse !

Après cette oraison funèbre nous avons continué notre route.

A en croire les propriétaires, chaque hôtel était un couvent cloîtré, une vraie chartreuse.

— Laisse donc, s'écriait G*** : c'est la consigne obligée de tout hôtel vide au mois de novembre. Passé ce moment, l'autocrate devient un roi constitutionnel et accorde une charte très-libérale !

L'événement m'a bientôt convaincu qu'il disait vrai : nous venions de visiter un des principaux hôtels du quartier, et le maître nous accompagnait de ses dernières recommandations :

— Surtout, messieurs, vous savez combien la règle de ma maison est exclusive et sévère !

Au même instant un jeune homme, accompagné d'une femme, entra pour demander sa clef. G*** me regarda en souriant, mais le propriétaire ne se déconcerta nullement.

— Messieurs, reprit-il, nul plus que moi n'est

sévère sur l'article des mœurs ; mais quand je vois une femme j'ignore si elle est votre sœur, votre cousine, ou votre maîtresse ; et comme à l'impossible nul n'est tenu, ma conscience est tranquille.

— Il peut se faire, ajoutait G***, que tu aies plusieurs cousines, mais il y a des familles si nombreuses ! ou même que ta cousine se trouve être aussi celle de ton voisin ; mais on a vu des choses plus extraordinaires, et personne n'a le droit de s'en formaliser !

La belle chose que la logique ! dirait Sganarelle.

G*** me montra un paradis terrestre, où le diable n'a jamais pénétré. Mais, hélas ! impossible de trouver place dans ce petit coin béni du ciel.

— Ah ! mes bons messieurs, quand on veut faire son salut et ne pas mourir de faim, on a bien du mal, nous a dit l'ange gardien de cet Eden, petite vieille grassouillette, à l'air dévot et confit. Je ne suis pas ennemie de la jeunesse, il faut qu'elle s'amuse, mais mon confesseur ne veut pas ; et si le ciel ne prenait soin de m'envoyer des pensionnaires, je ne pourrais continuer mon commerce à des conditions aussi désavantageuses.

Ayant parlé de cette sorte,
Notre sainte ferma sa porte.

Enfin, las de monter, de courir, de chercher, j'ai planté ma tente dans la rue de La Harpe. Mon propriétaire est un vieil invalide, qui me raconte chaque soir ses campagnes et celles de Napoléon. Quand nous arriverons à Waterloo, je serai forcé de déménager, pour échapper à la seconde édition.

Ma chambre n'est pas un palais, tant s'en faut; mais je m'endors chaque soir en fredonnant la chanson de Béranger :

Dans un grenier qu'on est bien à vingt ans.

Et les rêves les plus beaux descendent sur ma couche, qu'à sa dureté je soupçonne d'avoir servi de lit de camp à mon invalide.

III

Une paroisse sans curé. — Les Quatre-Temps et le concierge. — Une personne trop honnête. — Les auditeurs infatigables. — Un chapitre de Tristram Shandy. — La bataille de Marengo et le chapeau jaune.

Je suis allé l'autre jour à l'Ecole de droit, située à l'extrémité nord-est du quartier. A-t-on jamais placé le clocher au bout du village ! Voilà sans doute pourquoi les fidèles sont si peu assidus aux offices de la paroisse. Au détour d'une rue je me trouvai nez à nez avec une indigène du pays, jolie fille, la gaîté dans les yeux, le printemps sur la joue. En voyant mon étonnement, elle me regarda en souriant, prête à répondre à une question que je ne lui fis pas. Nous conjuguâmes le verbe regarder, au lieu de tant d'autres aussi français, et plus agréables, jusqu'au plus-que-parfait, qui me conduisit à la porte de l'Ecole. Dieu sait où je serais allé, si les conjugaisons françaises eussent été plus longues !

Je ne sais quelles mauvaises langues ont prétendu que l'étudiant ignorait jusqu'au chemin de l'Ecole. Simples charges de tradition ! On peut à la rigueur ignorer le nom des professeurs, ne pas connaître la salle des cours, rien n'est si naturel ; mais quatre fois par an il faut passer sous les fourches caudines de l'inscription : ce sont les quatre temps de l'année scolaire. La foule était si nombreuse et si compacte qu'on avait mis des barrières comme à la porte d'un théâtre. Aussi je dus attendre assez longtemps que mon tour fût arrivé ; mais grand fut mon embarras quand on me demanda un correspondant. Heureusement mon voisin est venu à mon aide en me disant que c'était une simple formalité, et il m'a proposé son concierge, homme très-convenable et habitué à remplir ce rôle. En effet, sur sa recommandation, le secrétaire voulut bien m'inscrire et prendre mon argent : il m'offrit une quittance que je refusais naturellement, disant que je trouvais la Faculté trop honnête personne pour lui faire cet affront ; il l'exigea, et son insistance me fut expliquée : la quittance était de trente-cinq centimes.

Il y a bien des manières d'étudier le droit. La première qui se présente à l'esprit est de suivre le cours ; aussi chaque matin je m'y rends avec une exactitude exemplaire. Vois pourtant combien on est sujet à se tromper : il paraît que je suis dans l'erreur, du moins à ce que m'a dit mon voisin, en raillant mon ardeur de néophyte. Il prétend que c'est une illusion dont on revient bien vite, et entre autres raisons invoque l'exemple de la majorité, preuve selon lui sans réplique. C'est très-heureux d'ailleurs, puisque les amphithéâtres seraient insuffisants si tous venaient au cours : on n'a jamais su si c'était imprévoyance, ou habile calcul de la part de l'architecte qui les a construits.

— Mais on ne fait donc pas d'appel ? me diras-tu.

— Oh ! fi donc. Semblable vilénie est bonne pour des professeurs de province, jaloux de compter du doigt le maigre troupeau de leurs auditeurs. Nos professeurs sont philosophes, et préfèrent parler devant une salle vide, ce qui arrive parfois, plutôt que de recourir à de semblables moyens. Ne le dis pas ; nombre de pères de famille seraient capables de réclamer contre pareille tolérance, comme on l'a vu il n'y a pas longtemps.

Mais en compensation de ces cœurs tièdes et froids, que d'âmes ferventes et passionnées! Un cours, deux cours même, qu'est-ce pour ces appétits féroces? Il en faut dix au moins, et de longue durée encore! S'ils finissaient cinq minutes trop tôt, les voilà prêts à crier au voleur. L'Ecole de Droit, la Sorbonne, l'Ecole des Chartes, les Arts et Métiers même, suffisent à peine pour remplir la journée de ces auditeurs infatigables. Et quand la nuit a fermé le cercle de leurs plaisirs, un songe heureux le continue; et leur sommeil est doucement bercé, au bruit des paroles magistrales qu'un bonnet carré laisse tomber sur leurs têtes dociles. Il faut les voir, les dimanches et fêtes, ombres errantes, âmes en peine, implorant en vain leur pain de chaque jour. On s'est étonné parfois de la capacité de ces estomacs merveilleux; on sait aujourd'hui le mot de l'énigme : il est avéré qu'ils n'ont jamais rien digéré.

L'étude du droit à elle seule peut devenir une passion, et j'en ai ouï des effets surprenants. On parle entre autres d'un de nos professeurs les plus distingués qui se maria étant encore étudiant : le lendemain de ses noces, à sept heures du matin, il assistait au cours. O Tristram Shandy, que dirais-tu ?

Cet amour désordonné n'a point encore germé dans mon âme, et je puis regarder mon code sans trouble et sans émotion. Nous avons pourtant des professeurs très-savants, qui chaque jour, à propos du moindre texte, se livrent à des variations scientifiques, philosophiques et historiques : vraiment je regrette de ne pas avoir étudié le droit plus tôt afin de mieux les apprécier. Quelques-uns, il est vrai, parlent plus clairement, le plus ignorant est à même de les saisir ; mais on les comprend au premier mot. Je parierais qu'ils ne sont pas aussi savants.

Voilà tout ce que j'ai de nouveau pour aujourd'hui. Ce soir en revenant de l'Ecole j'ai rencontré le chapeau jaune : ce n'était plus le jeune homme au lorgnon qui lui donnait le bras. Sans doute elle n'aura pas voulu se contenter du cœur qu'il lui offrait si généreusement. Je suis rentré chez moi tout rêveur, sans même vouloir écouter la bataille de Marengo que mon invalide entonnait sur son mode d'admiration le plus élevé.

IV

Le paradis terrestre et les bérets. — L'amour et le Palais de Justice. — Justinien au Prado. — Un lovelace en herbe. — Le renard et les raisins.

Tu envies mon sort, cher Paul, et tu voudrais partager avec moi ce paradis terrestre de la vie libre et indépendante.

C'est un paradis, je le veux bien, mais je n'ai pas encore trouvé le fruit défendu, et si jamais je le rencontre, j'ai bien peur de ne pas me montrer plus vaillant que notre premier père. Je ne sais que faire de cette liberté tant désirée. J'ai visité Paris sans enthousiasme; les théâtres m'ont vite lassé; en vain je cherche d'un œil ardent et curieux cette vie si accidentée et si pittoresque de l'étudiant; partout le calme et la tranquillité. Pas le plus petit béret pour trancher sur les chapeaux noirs; pas le moindre chant pour rompre la monotonie bruyante des rues. Des grisettes, il n'en faut point parler; l'étudiante ne se reconnaît qu'à l'exagération de sa crinoline, à l'ampleur de sa robe. Elle passe grave et fière, et se contente de sourire quand je la regarde d'un air trop étonné.

Enfin, ce soir, j'ai voulu pousser plus loin mes recherches : je me suis décidé à aller au Prado.

— Là du moins, me disais-je, je verrai tout ce qu'on raconte de merveilleux du pays de la jeunesse et de la gaîté.

Je ne sais quelle singulière épigramme du hasard a placé juste en face du Palais de Justice ce séjour des nuits folles et des amours printanières. Je suis entré le cœur palpitant de curiosité et d'émotion : un couloir enfumé, des étudiants le chapeau sur la tête, la pipe à la bouche, des femmes échevelées sautant, riant, fumant, voilà le spectacle qui s'est offert à moi. Étourdi, perdu, isolé au sein de cette foule bruyante, j'ai voulu m'enfuir. Pourtant je me suis rassuré, et, après avoir considéré un instant ce sabbat, qu'on ose appeler un bal, j'ai essayé d'y prendre part. Levant mon chapeau très-poliment, j'ai invité à danser une femme qui venait d'attirer mes regards par sa souplesse et son agilité. Elle me regarda un instant, et me tourna le dos en éclatant de rire. Je suis sorti comme le renard de la fable, jurant par la mémoire de Justinien qu'on ne m'y reprendrait plus.

Je m'en allais le long des murs de la cité, encore tout humilié de mon échec. Voilée par les nuages, la lune répandait une douce clarté; tout présentait à mes yeux l'image de la vie et de l'animation. Des ouvrières revenaient de leur travail, amoureusement suspendues au bras de leur amant; des femmes richement vêtues passaient près de moi, et leurs yeux étincelaient dans l'ombre ; perdu au milieu de cette foule qui me semblait aller vers des plaisirs inconnus, je fus pris d'un désir invincible de sortir de mon isolement. Une jeune fille marchait à mes côtés.

— Mademoiselle? murmurais-je timidement.

L'épithète d'imbécile! franchement accentuée, vint me clouer à ma place. Après quelques secondes d'étourdissement, je m'enfuis en fermant les yeux pour ne pas voir les témoins de ma mésaventure.

En regagnant mon logis j'ai fait de sérieuses réflexions. C'est le ciel qui vient de m'arracher au péril où je courais me jeter. Je vais reprendre ma vie d'anachorète et me remettre au travail avec une nouvelle ardeur.

V

Un concurrent au prix Monthyon. — Liste des victimes écrasées par la foule à la porte de la Sorbonne. — Monsieur et madame Denis et Platon. — De la grâce sanctifiante d'après Jansénius. — La vertu forcée à perpétuité.

Décidément Paris est ennuyeux et la vie d'étudiant monotone. Malgré tous mes efforts, la passion du droit n'est point venue, et je ne sais comment remplir le vide qu'elle laisse dans mon cœur. En vain je me promène au milieu des plaisirs permis, c'est-à-dire du cours à la bibliothèque, de la bibliothèque au cabinet de lecture, et du cabinet de lecture au cours : ce n'est point un cercle vicieux sans doute, mais il n'est pas plus amusant pour cela. On m'a montré des phénomènes, qui vivent ainsi depuis trois ans. Leur horizon est borné à cet étroit espace, et ils ne se sont jamais inquiétés si un autre monde existe par-delà ces discussions littéraires, ces argumentations juridiques, au sein desquelles ils ont vécu si paisiblement.

Pour varier mes distractions, je vais parfois à la Sorbonne ou au Collége de France, plaisir non-seulement permis, mais obligé, puisque chaque trimestre il nous faut payer pour aller là où tout le monde peut entrer gratis. Je ne sais si j'ai vu la Sorbonne à travers ma mauvaise humeur, mais je ne connais rien de plus triste que cette grande cour déserte, avec ses volets jaunes et son air pédant. Que sont devenues ces voix éloquentes qui retentissaient naguère dans toute l'Europe?

Hélas !

L'arche sainte est muette et ne rend plus d'oracles.

Sont-ce les professeurs ou les auditeurs qui manquent? je l'ignore. Ce n'est pas la place en tout cas ! Il y a un amphithéâtre magnifique, et préparé pour une foule immense. Je n'ai pu voir encore un seul professeur y faire son cours, par modestie je suppose. Quelques étudiants allemands, à l'air pensif, aux longs cheveux, que je rencontre parmi les rares auditeurs, paraissent scandalisés du peu d'ardeur de la jeunesse française. Comment comprendraient-ils cette indifférence, eux qui vivent de bière et de cours de toute espèce ?

Sans doute la Sorbonne porte la peine de ses rancunes théologiques contre le sexe féminin, à qui ses portes restent fermées. Plus galant et mieux avisé, le Collége de France a un public plus nombreux ; et certains cours de littérature à l'eau de rose, ou d'histoire analysée au microscope, obtiennent un véritable succès. Il faut voir se presser autour de ces chaires privilégiées les jeunes miss avec leurs gouvernantes, les mères avec leurs filles, les cahiers d'une main, la broderie de l'autre, changeant en salon le temple de la sévère Clio ou de la tragique Melpomène. Je me suis rappelé ces dévotes d'Italie, qui s'établissent sans façon dans l'église pour raccommoder leur linge, en attendant l'heure de la messe. Hier j'ai vu un vieux couple, monsieur et madame Denis, assister au cours de philosophie ; ils paraissaient enchantés des idées de Platon sur l'immortalité de l'âme, et ont donné de vives marques d'approbation, quand le professeur a dit que par la beauté de ses idées morales ce philosophe eût mérité d'être chrétien. Mon professeur de droit, qui se trouvait là par hasard, souriait doucement. Je parierais que le professeur de philosophie ne lui rendra pas sa politesse.

Voilà de quelle manière uniforme se passent mes journées. Mais le soir, quand les rues se remplissent de lumière et de bruit, que les cafés et les restaurants semblent s'illuminer comme pour une fête, que des bandes joyeuses passent à mes côtés, sillonnant l'air de rires et de chansons, l'ennui et la curiosité s'emparent de moi avec plus de force. Cette vie est une énigme dont je voudrais en vain deviner le mot. Comme un autre Tantale, le plaisir me fuit à mesure que j'avance la main pour le saisir : pour moi la foule est déserte, la gaîté est triste.

Mais de toutes ces curiosités la femme est la plus vive et la plus entraînante. Je n'en n'ai jamais tant vu, et surtout tant regardé qu'à Paris. Elle est revêtue de je ne sais quelle grâce (nullement sanctifiante) qui séduit et attire, à laquelle on ne saurait se soustraire. C'est une tentation vivante et éternelle qui vous poursuit sans cesse. Dans la rue elle passe près de moi folle ou silencieuse ; je ne puis me mettre à la fenêtre sans rencontrer son sourire railleur ; dans mes livres son nom est écrit en lettres de feu, et jusque dans mes rêves son image se dresse comme un cauchemar dévorant.

Mon ignorance me met à l'abri de tout danger, et quand le serpent me parle je n'entends même pas son langage. Hier mon voisin du cabinet de lecture m'a invité à passer la soirée chez lui. C'est un docteur en droit, qui feuillette d'une main assidue le Code civil et le Code de la galanterie.

Il était avec sa maîtresse accompagnée d'une amie: c'est dire que j'ai été plus embarrassé et plus sot que jamais. Ce fut bien pis quand il me pria, à la fin de la soirée, d'accompagner l'amie chez elle. Heureusement il pleuvait à verse, ce qui m'a dispensé de parler même du beau temps.

— Eh bien ! Lovelace, m'a-t-il dit ce matin en souriant malignement, comment vous êtes-vous acquitté de votre commission ?

Je lui ai raconté ma conduite fidèle et silencieuse. Il a haussé les épaules, et en tournant le dos m'a condamné à la vertu forcée à perpétuité.

VI

La première aux Corinthiens. — Où peut mener une poularde truffée. — Du danger d'avoir une voisine et de la recevoir en robe de chambre. — La cruche cassée. — Un magot chinois et Victor Hugo. — Histoire du chaste Joseph, revue et augmentée d'un dénoûment.

Tu te plains de mon silence prolongé : ces deux mois se sont écoulés comme un songe, et je ne suis pas sûr d'être bien réveillé. Tu te souviens quel avenir de paix et de tranquillité ma dernière lettre semblait présager : je me croyais sur la grande route du ciel et de l'examen. Hélas ! mon frère, le diable est bien malin, et après avoir fait avaler une pomme reinette à notre premier père, il a beau jeu avec nous. Puisse mon exemple te servir de leçon!

Donc, il y a de cela deux mois, j'étais allé dîner chez un mien cousin à la mode de Bretagne : vieilles perruques, gens ennuyeux, mais vins exquis et poulardes mieux truffées qu'à ma table d'hôte. Je m'étais couché avec cette sensation de plaisir que laisse un bon repas; un code ouvert sur mon chevet, je laissais mon imagination voyager au pays des rêves. Involontairement je pensais à ma solitude, je me figurais une belle et jeune compagne à mes côtés, quand deux ou trois coups, discrètement frappés à ma porte, m'arrachèrent à ma rêverie.

— Qui est là ? criai-je brusquement.

— C'est moi, votre voisine.

J'avais oublié de te dire que j'ai une voisine; je la rencontre souvent dans l'escalier. Par un singulier hasard elle se trouve ouvrir sa porte presque toutes les fois que je sors; je me contente de la saluer en rougissant : à peine si j'ai osé la regarder.

— Que voulez-vous ? fis-je d'une voix plus dure encore.

— Pouvez-vous me donner un peu d'eau? la mienne est gelée, il est trop tard pour en demander à l'hôtel.

Je ne pouvais lui refuser ce léger service ; et malgré ma mauvaise humeur, j'enfilai ma robe de chambre et mes pantoufles, et j'allai lui ouvrir.

— Je vous demande pardon, me dit-elle en entrant d'un air très-peu timide, si ça vous gêne, je m'en passerai.

— Je peux bien vous donner la moitié de mon eau.

— Tiens ! elle est gentille votre chambre.

— Hem ! hem ! pas trop !

— Autrefois, elle était arrangée autrement. Et elle la parcourait de ce regard de femme à qui rien n'échappe. J'y venais souvent quand votre prédécesseur y demeurait.

Je laissai tomber cette phrase sans répondre à son allure provocatrice, et je versai consciencieusement de l'eau dans le vase qu'elle avait apporté.

— C'était un étudiant en médecine, continua-t-elle sans remarquer mon silence ; il coiffait ses têtes de mort avec mon bonnet ; il était bien amusant.

— Comme ma voisine est communicative ! pensai-je à part moi ; et je m'avançais pour lui remettre sa carafe. Mais sans faire attention à moi elle trottait, furetait, regardait partout.

— Avez-vous du papier à cigarette?

— Non.

— Alors, je me contenterai d'un cigare; vous permettez? Et, sans attendre ma réponse, elle l'alluma d'une façon très-cavalière.

Pour moi, toujours ma carafe à la main, et dans l'étonnement de voir ma chambre ainsi traitée en pays conquis, j'allais lui en demander raison, quand elle me coupa la parole.

— En tout cas, il ne fait pas chaud ici; voulez-vous venir dans ma chambre, j'ai un bon feu, nous causerons plus à l'aise.

Je ne sais quelle émotion ces paroles firent naître en moi, mais la carafe, échappée de mes mains, se brisa en répandant de tous côtés des filets d'eau glacée. A cette vue, et plus encore à mon air piteux, la petite espiègle partit d'un accès de fou rire, que mon embarras ne contribuait pas peu à augmenter. Enfin, quand sa gaîté devint moins bruyante :

— Vous ne pouvez rester ainsi, venez vous sécher près de mon feu.

Ma position était délicate : comment y aller ainsi vêtu, ou lui avouer l'insuffisance de mon costume?

— Mais... balbutiai-je, et mon regard se portait sur mon pantalon mollement étendu sur mon lit.

— Pauvre garçon! fit-elle en riant de la cause de mon embarras : allez, je ne suis ni bégueule, ni Anglaise. D'ailleurs, entre hommes ! ajouta-t-elle en lançant gravement un nuage de fumée dans la glace, ce qui ne l'empêcha pas de s'assurer que son bonnet était coquettement posé sur ses cheveux noirs.

Je fus bientôt assis sur un canapé, en face d'un feu réjouissant.

— On a bien de la peine à vous arracher à votre vilaine chambre. Avouez que vous n'êtes point tant à plaindre. Et elle vint s'asseoir à mes côtés.

Je frissonnais de la sentir si près de moi. Pour me donner une contenance, je regardais un magot chinois qui se prélassait sur la cheminée.

— N'est-ce pas qu'il est joli mon petit bonhomme? Et elle le prit dans ses mains pour me le faire admirer.

— Oui, il est d'un beau vert, répondis-je, sans savoir ce que je disais.

— Mais à quoi pensez-vous ? vous n'avez pas l'air gai ; moi j'aime à rire ; contez-moi quelque chose d'amusant. Et sans façon elle appuya sa tête sur mes genoux, en présentant au feu un petit pied digne de la pantoufle de Cendrillon, et en fumant son cigare, dont elle m'envoyait parfois des bouffées en riant comme une folle.

Comme je gardais toujours le silence, elle reprit :

— Voulez-vous que je vous chante quelque chose pour vous mettre en train?

— Je veux bien.

— Connaissez-vous Mimi Pinson ?

— Non.

— Mais vous ne connaissez donc rien ? c'est une chanson d'Alfred de Musset, un grand poète celui-là ; je l'aime mieux que Victor Hugo et Lamartine ; et vous ?

— Moi aussi, répondis-je en souriant du sérieux de sa question.

— Alors écoutez ! Et elle commença :

Mimi Pinson est une blonde, etc.

— Comment la trouvez-vous ?

— Très-jolie.

— Eh bien ! à votre tour.

— Je ne chante pas.

— Qui donc ne chante pas un peu ! Vous n'êtes pas musicien ?

— Si, je joue du piano.

— Oh ! quel dommage de n'en point avoir ! vous me joueriez une valse. C'est si joli la valse !

Tu juges, mon ami, quel embarras était le mien, en me trouvant seul pour la première fois avec une jolie fille. Sa tête faisait trembler mes genoux, ses yeux noirs me brûlaient de leur flamme, et dans ses brusques mouvements, quand sa main touchait la mienne, je sentais une sueur froide m'inonder tout le corps. Mille émotions, mille désirs, s'éveillaient en moi, et je me demandais comment je sortirais de cette position délicate, quand elle se redressa, et me regardant en face:

— Si votre maîtresse vous savait ici !

— Ma maîtresse ? Je n'en ai point.

— Oh ! oh !

— Bien vrai.

— Alors vous devez bien vous ennuyer ! En disant ces mots, elle se rapprocha de moi.

— Non ; le soir je lis, je travaille.

— Moi, e m'ennuie bien, dit-elle avec une légère moue ; j'avais un amant, il est parti, et me voilà seule.

Elle baissa la tête, feignant de faire la toilette de ses ongles, qui n'avaient pas besoin de ce luxe. Mon cœur battait avec violence, j'aurais voulu lui dire mille choses, mais les paroles expiraient sur mes lèvres. Après un instant de silence elle me regarda ; je détournais les yeux en rougissant :

— Comme il fait chaud ! murmurai-je. Ma main rencontrant la sienne y resta et tressaillit sous sa douce étreinte.

— Ecoutez! dit-elle en me regardant longuement.

— Quoi?

Ma voix tremblait.

— Vous n'avez pas de maîtresse?

— Non.

— Je n'ai pas d'amant...... et....

— Eh bien?

— Eh bien! nous sommes voisins... Elle s'arrêta un instant. Qui nous empêche d'être amant et maîtresse? murmura-t-elle très-vite, et elle tourna la tête en toussant légèrement.

J'étais ivre de joie et de bonheur; depuis une heure cet aveu enchaîné par la timidité était sur le bord de mes lèvres. Elle se retourna les yeux brillants, le teint animé, elle était encore plus jolie. Je la regardai un moment en extase, et pour toute réponse je déposai un baiser brûlant sur sa main. Elle se jeta à mon cou et m'embrassa.

Voilà, mon cher ami, pourquoi je ne t'ai pas écrit depuis si longtemps. Les jours se sont enfuis sans que j'aie eu le temps de les compter. Adeline, c'est son nom, est moins une maîtresse qu'une amie et une compagne. Chaque jour, en revenant de l'École, je la trouve travaillant au coin de son feu, et le soir mes livres de droit se ferment devant cette enfant rieuse, qui me conte quelque charmante bêtise ou me chante une chanson nouvelle.

— Tu avais donc un caprice pour moi, que tu m'as presque enlevé? lui demandais-je un jour que nous rappelions notre première entrevue.

— Oh! nullement! Mais tu avais l'air de ne pas t'apercevoir que j'étais jolie, et j'ai voulu voir jusqu'où irait cette indifférence.

— Tu en as eu facilement raison.

Persuadé que tout l'hôtel ignorait mes escapades, chaque matin je faisais la toilette de mon lit :

— Monsieur, me dit un jour le garçon, je vous en prie, ne défaites pas votre lit : j'ai assez de besogne dans la maison.

J'aurais voulu le battre.

Hier en rentrant j'ai trouvé ce billet sur ma table :

« Mon ami,

« Le caprice nous a réunis, il nous sépare. Adieu.
« Pense quelquefois à ta petite Adeline, qui restera
« ta meilleure amie.

« ADELINE. »

Ma première impression a été pénible; mais ma tristesse, j'ai honte de le dire, ne sera pas de longue durée. J'ai hâte de parcourir la vie joyeuse de l'étudiant, dont je n'ai encore gravi que quelques échelons. Paris ne me fait plus l'effet d'un grand désert; les rues me semblent plus animées, les femmes plus jolies, et c'est presque sans regret que je dis adieu à ce bonheur calme et paisible qui vient de me quitter.

VII

Le mois de juillet ramène les abricots et les examens. — Le doge de Venise à l'École de droit. — Alexandre Dumas et le Code civil. — La cigale et la fourmi. — Recette infaillible pour préparer un examen breveté s. g. d. g.— Comment on se fait des ennemis.— Les oreilles d'âne de Midas.— L'amour en vacance. — Le sermon sur la montagne.

Le temps s'est rapidement écoulé; le mois de juillet est arrivé, et avec lui l'examen, qui bat le rappel bien haut pour se faire entendre des retardataires et des flâneurs. Quels que soient les sentiers où les pas se soient égarés, les routes tortueuses qui aient ralenti la marche, il faut retomber fatalement à l'Ecole. Les barbes cyclopéennes, les moustaches flamboyantes vont se courber sous le niveau de l'examen. Il est plaisant de voir tant de figures effarées, semées dans les couloirs comme des contre-sens ou des anachronismes ; et ces étranges visiteurs répondraient volontiers comme le doge errant à Versailles, que ce qui les étonne le plus, c'est de se voir dans ce lieu.

J'ai fait comme tout le monde, je me suis mis à préparer mon examen, chose qui n'est pas si facile qu'on voudrait bien le croire. Je me suis renfermé en tête-à-tête avec les plus austères commentateurs du Code civil; mais le moyen de ne pas leur fausser compagnie, quand une mince cloison laisse arriver jusqu'à moi de joyeux éclats de rire, ou que mes persiennes mal closes ne peuvent fermer accès aux rayons d'un soleil tentateur ? Travailler à deux est moins sûr encore : on trouve tant de sujets de conversation plus agréables ! De désespoir je me fis ermite et allai m'enfermer au cabinet de lecture : j'y passais consciencieusement toute la journée, bravant la fatigue et la chaleur. Mais je ne sais quelle main diabolique glissait toujours un roman auprès de mes livres de droit, si bien qu'après quinze jours de travail assidu, je n'étais pas plus avancé qu'en commençant.

Pourtant l'examen approchait, j'allais voir mes anciens compagnons de cours restés fidèles au poste ; je les trouvais au milieu de cahiers copiés et recopiés avec amour, lus avec délices, et contemplés avec la joie suprême de l'avare couvant son trésor.

> Vous chantiez, j'en suis fort aise,
> Eh bien ! dansez maintenant !

me répondirent-ils tous d'un air aigre-doux, non toutefois sans me promener avec complaisance dans le labyrinthe des questions embarrassantes et méticuleuses que j'avais à parcourir, et en se gardant bien de me donner un fil conducteur pour en sortir.

Quinze jours restaient seulement. J'eus recours à ma dernière planche de salut : j'allai chez un répétiteur très-renommé.

— Monsieur, me dit-il en prenant une pose napoléonienne, vous avez bien fait de vous adresser à moi, je vous apprendrai ce qu'aucun autre ne pourrait faire à ma place.

Je m'inclinai,

— Et d'abord, est-ce le droit ou l'examen que vous voulez savoir?

— Les deux si c'est possible; mais l'examen est plus pressé, je dois le passer dans quinze jours.

— Ce temps suffit et au-delà : occupons-nous d'abord de l'examen, le droit viendra plus tard.

Et comme je n'avais pas l'air d'être très-persuadé :

— Vous êtes étonné? mais ma recette est infaillible; elle se fonde sur une observation philosophique qui ne m'a jamais trompé. Voici mon secret. Vous croyez sans doute que vos examinateurs s'inquiètent de votre degré de science dans le droit. Erreur, mon cher monsieur. L'important pour eux est que vous sachiez leur opinion personnelle. N'allez pas surtout les contredire, ou discuter avec eux : fussiez-vous plus savant que Pothier, ils ne trouveraient pas de boules assez noires pour vous accabler.

Il me montra un cahier où chaque professeur avait son chapitre, avec les questions qu'il a l'habitude de faire, et les réponses à donner.

— Voilà, me dit-il, la clef de la science. C'est le fruit de vingt années de travaux. Quand vous sortirez de mes mains, vous ne saurez rien en droit, mais vous passerez de brillants examens.

Nous nous mîmes aussitôt à l'ouvrage. Sa prédiction s'est vérifiée, et j'ai obtenu un succès complet.

Tu te rappelles de X***, notre ancien condisciple, ce travailleur infatigable, qui se serait pendu de désespoir s'il n'avait remporté tous les prix. Il a travaillé à l'Ecole de droit comme au collége, son année a été une suite non interrompue de cours. Nous avons subi l'examen ensemble : le malheureux n'a eu que deux blanches; j'ai frémi en voyant sa figure pâle, et le regard méchant qu'il m'a lancé. Mon succès vient de m'en faire un ennemi mortel.

Mon autre voisin a été moins heureux encore, et s'est vu refuser, non sans un grand étonnement. C'est un enfant gâté de la fortune, qui jusqu'ici l'a comblé de ses faveurs, a exaucé tous ses souhaits. Pour la première fois son or est resté impuissant à satisfaire ses désirs, et ce n'est pas sans être vivement scandalisé qu'il envisage son échec. Il s'emporte surtout contre son répétiteur, largement payé pour lui apprendre son examen. Le pauvre homme est bien heureux d'être protégé par ces lois qu'il enseigne : il est tel pays où son dos eût payé bien cher l'ineptie de son élève.

Ceux que la fortune n'a pas favorisés, pensent être plus heureux en province. Ils chantent surtout les louanges de certaines Facultés qui ont la réputation d'être très-hospitalières pour les proscrits de notre Ecole. Je me garde bien de les nommer : elles pourraient m'accuser de diffamation et me demander des dommages-intérêts pour prouver que je les ai calomniées.

Notre quartier commence à devenir désert. Chaque jour de nouveaux départs laissent plus tristes et plus vides nos rues où je m'attends à voir pousser l'herbe incessamment. Les restaurateurs, les cafetiers aux abois, debout sur leur seuil abandonné, semblent guetter les rares passants, et les appeler d'un regard désespéré.

Les étudiantes ont aussi émigré en grand nombre : à les en croire, elles vont dans leur famille, ou dans leur pays; mais de mauvaises langues prétendent que ce pays ne s'est jamais trouvé sur aucune carte géographique.

Hier, en accompagnant un de mes amis, j'ai été témoin d'une scène touchante : un étudiant s'arrachait des bras de sa maîtresse éplorée. Pauvre enfant! elle l'aime, disais-je à part moi, en regardant la jeune fille qui sortait de la gare essuyant ses yeux rougis par les larmes : et déjà je m'apitoyais sur son sort, quand je la vis monter dans une voiture aux stores baissés, où quelqu'un l'attendait. J'ai reconnu la vérité de cette parole de l'Evangile :

3.

« Heureux ceux qui pleurent, parce qu'ils seront consolés. »

P. S. — Adieu ! je pars demain; je me hâte de terminer ma lettre. Ma voisine est occupée à faire ma malle, et je vais lui aider pour qu'elle ne s'adjuge pas des droits de commission trop élevés.

VIII

Une singulière rentrée de collège. — La roue de la fortune et ses amies intimes. — Martyrologe conjugal. — Opinion de M. Prudhomme. — Un duo sans accompagnement. — Les armes d'Achille. — Un secret d'État.

Me voilà de retour après trois mois d'absence, qui m'ont paru un peu longs. En descendant de wagon, j'ai rencontré un de mes amis qui m'a entraîné au Prado. Son impatience de revoir sa maîtresse ne lui a même pas permis de débarquer à l'hôtel : notre voiture avec nos bagages nous a attendus à la porte, et nous sommes entrés.

Je suis familiarisé avec ce bal, où j'ai fait l'an dernier une excursion si désastreuse; je ne le trouve plus si noir, si enfumé; je suis même bien près de le trouver charmant. Au mois de novembre sa physionomie offre un cachet particulier : c'est une vraie rentrée de collége. L'œil interroge avidement les groupes, cherchant les figures amies, comptant celles qui ont disparu.

Comme de juste la partie féminine offre plus d'attraits à la curiosité : l'instabilité des choses humaines y a creusé un large sillon. Que de divinités superbes de la mode disparues ou précipitées de leur luxe et de leur splendeur! Pour d'autres la roue de la fortune a tourné, et on est étonné de trouver triomphantes au premier rang des figures naguère perdues dans la foule. Mon compagnon ne trouva pas sa maîtresse, mais toutes ses amies intimes, qui s'empressèrent de lui en dire un mal affreux. Toutefois rien ne put altérer la sérénité de son amour, et il alla la retrouver chez elle.

C'est un de ces fronts marqués par la destinée pour se courber avec amour sous le joug conjugal. Sa maîtresse n'est pas sa compagne, son amie, c'est littéralement sa moitié, et l'on dirait que le mot a été inventé pour lui. Jamais on ne vit homme si heureux d'abdiquer sa liberté entre les mains d'une femme, et vraiment il ne saurait que faire des vingt-quatre heures de chaque jour, si une tête légère et capricieuse n'était chargée de vouloir pour lui. Tu vas croire qu'il s'ennuie dans ce perpétuel tête-à-tête ; détrompe-toi : c'est l'homme du monde qui possède le plus d'amis, surtout depuis qu'il a sa maîtresse, et c'est merveille de voir comme tous ces satellites gravitent fidèlement autour de cet astre en crinoline. Pour lui, nullement jaloux, charmant compagnon, il prend plaisir à les voir se chauffer à son feu, fumer ses cigares, et rire avec sa maîtresse. Il va, vient, sort, rentre, libre de soucis, exempt d'inquiétudes, et je le tiendrais pour l'homme le plus heureux de la terre, si je ne pensais, avec M. Prudhomme, que le bonheur ne peut exister en dehors de la morale. Son ciel a bien quelques nuages, mais si légers que le moindre souffle les emporte. Sa maîtresse d'ailleurs est une fille charmante qu'un sort malin a sans cesse poursuivi : toutes les fois qu'elle a cherché un magasin, elle a trouvé un amant; elle s'est résignée et attend patiemment l'heure de reprendre son aiguille.

Mais c'est le ménage modèle, et j'en connais bien peu qui lui ressemblent ! Quelques-uns ont l'amour dramatique : la jalousie avec toutes ses variétés fait seule les frais de leur bonheur. Leur vie est une suite de querelles et de raccommodements; tantôt accablant leur maîtresse d'injures ou même de coups, tantôt à leurs genoux pour expier leurs emportements. C'est un singulier plaisir, mais après tout, chacun est maître de le prendre comme il l'entend. Pour d'autres c'est une pastorale, une idylle, un long duo, sans accompagnement, qui dure parfois plusieurs années. Mais pour tous c'est une école de soumission, dont ils sortent souples et malléables. Une petite fille pourrait les mener par la main. L'expérience ne leur a rien appris, sinon à ne pas se défier des ruses qui les ont toujours subjugués.

Hier j'ai passé la soirée chez un des plus chauds partisans de la supériorité de l'homme sur la femme, à qui le hasard (il n'en fait jamais d'autres) a donné la maîtresse la plus capricieuse et la plus volontaire. Il a naturellement développé sa théorie; il était au milieu d'un commentaire magnifique du vers de Molière :

Du côté de la barbe est la toute-puissance.

quand sa maîtresse, poussée je ne sais par quel caprice, se lève et s'en va sans rien dire. Voilà notre philosophe, peu jaloux de se montrer stoïque, de jeter sa robe aux orties, ses arguments au diable, pour courir après elle, nous laissant maîtres de donner un libre cours à notre hilarité. L'absence se prolongeant, un des invités se décida à partir, un autre le suivit, puis un troisième ; enfin je fermais la marche, quand nous rencontrâmes au bas de l'escalier la fugitive revenue en riant comme une folle. Tout le monde remonta, et la soirée se termina sans nouvelle interruption. Pas besoin de dire que la discussion n'a pas été reprise : la cause était jugée.

Quant à moi, pour qui la maîtresse est une folie et non un pot au feu, tranquillement assis dans le port, je suis des yeux les hardis navigateurs embarqués sur l'océan conjugal, où les tempêtes sont fréquentes et les naufrages heureusement très-rares, rendant grâces au ciel de la modération de mes désirs.

Au moment de fermer ma lettre, je reçois mon congé, que m'envoie ma propriétaire. Cette nuit, en rentrant un peu tard, je me suis aperçu que la pauvre femme était somnambule, et, comme telle, sujette à se tromper de chambre et à prendre celles de ses locataires pour la sienne. Je me suis courbé en silence sous cet arrêt d'exil, partage ordinaire de ceux que le hasard a rendus dépositaires d'un secret d'Etat.

IX

Nouveau calendrier. — Le concordat. — Le punch et Ricord.— Le réveillon.— Les Bénédictins.— A quelle extrémité se voit réduit Justinien.—Ce qu'on trouve en cherchant une chambre. — Avis aux amants jaloux. — Mal incurable. — L'homme le plus heureux du monde.

Nous venons de célébrer dignement le réveillon, notre fête patronale. Nous avons aussi notre calendrier : les fêtes sont très-nombreuses, et aucun concordat n'est encore venu en diminuer le nombre. Outre les grandes solennités, notre liturgie compte une foule de saints particuliers, dont nous observons religieusement la fête. Parmi les principales sont : l'arrivée, le départ, la thèse, l'examen, qui se célèbrent toujours bruyamment, quelle que soit leur issue : heureuse, pour s'en réjouir, malheureuse, pour la noyer dans les flammes du punch, qui doit tirer son origine du fleuve Léthé. En revanche les jours néfastes abondent ; et les Quatre-Temps de l'inscription, et les Vigiles de la fin du mois, et le Carême de l'examen, et les jours de jeûne de la Saint-Ricord ! Décidément notre calendrier a encore besoin d'une sévère révision.

Donc cette nuit un cordon magnétique courait dans nos rues, pleines de bruit, de lumière et de gaîté : le ban et l'arrière-ban de la folie avaient été convoqués. Les plus insensibles à la voix du plaisir ont prêté l'oreille à la tentation, bien des vertus ont trouvé leur jour fatal. Toute la soirée un calme trompeur et mystérieux régnait partout, avant-coureur de la tempête : l'air était chargé d'un fluide enivrant. Vers minuit l'orage a éclaté comme une marche triomphale : les cafés, les hôtels, les restaurants, versaient de toute part des lueurs rayonnantes et des chants de joie, qui allaient se perdant, étouffés sur une épaisse couche de neige. Toute la nuit la fête a retenti bruyante, animée, diverse, conduite par la folie qui agitait ses grelots, aiguillonnée par l'ivresse qui lui prodiguait ses plus riches présents, accompagnée par l'esprit, la jeunesse et la gaîté, divinités protectrices qui ont présidé à cette nuit fortunée. Vers le matin les lumières se sont éteintes peu à peu, et tout est retombé dans un silence de mort.

Cet esprit de vertige a soufflé jusque sur les hauteurs du Panthéon, et, à travers les portes mal closes, pénétré avec le vent d'hiver dans les cellules de nos jeunes anachorètes. Là aussi, s'il en faut croire la rumeur publique, des scènes extraordinaires auraient eu lieu : on aurait foulé aux pieds le Code, anathématisé Pothier, et (faut-il le dire !) Justinien, réduit au vil usage d'ustensile de cuisine, aurait vu un homard se promener sur ses pages immortelles ! Mais rassure-toi : l'insurrection a été promptement étouffée ; on a fait disparaître les bouteilles coupables d'avoir provoqué à la sédition, et la foule repentante est allée abjurer ses erreurs aux autels de Thémis.

Décidément, je n'ai aucune chance dans le choix de mes logements : me voilà forcé de chercher un nouvel hôtel, à la suite d'une aventure qui ressemble fort à la dernière. J'avais trouvé une chambre magnifique et une propriétaire charmante, modiste par état, et propriétaire par intérim. C'était un vrai pays de Cocagne, et je me serais cru partout ailleurs que dans une chambre garnie, tellement je me voyais entouré de soins et de prévenances. Il fallait chaque soir me chauffer au coin du feu en attendant que le mien fût allumé, boire du vin chaud pour protéger ma poitrine délicate contre les rigueurs de l'hiver.

— Oh! oh! pensais-je à part moi : à qui en veut-on ici? est-ce à moi ou à ma bourse? Ma rusée commère aurait-elle cherché un amant et non pas un locataire? Alerte! une propriétaire doublée d'une maîtresse, deux ennemis intimes sous le même bonnet, c'est trop d'un. Je ne suis pas assez fou pour me mettre dans une semblable galère, et je me tenais sur le qui-vive.

Plusieurs particularités avaient augmenté mes soupçons, quand le hasard est venu les changer en certitude. L'autre jour j'ai rencontré Adeline; il y a plus d'un an que je ne l'avais vue. Elle est venue me voir, et nous avions tant de choses à nous dire, que nous avons mis deux jours à les raconter. Dès ce jour mon règne est passé, on ne me prodigue plus les sourires, on ne m'accable plus d'attentions; un étranger ne serait pas vu d'un œil plus indifférent. Je m'en réjouissais déjà, quand ma propriétaire est entrée chez moi ce matin d'un air embarrassé et contrit : elle m'a avoué que ma chambre lui était nécessaire pour un sien parent qui allait arriver incessamment. En d'autres termes, elle m'a donné mon congé. Désormais, je vais me méfier des propriétaires : toutes celles qui n'auront pas cinquante ans seront mises à l'index.

Je vais recommencer mes pérégrinations à travers les hôtels : rien de si amusant, de si fécond en imprévu, en rencontres soudaines, en découvertes inattendues. Pour l'œil exercé, une chambre est un vaste champ d'observations. Ici le travail, la solitude, se trahissent par l'aspect sévère ; plus loin, à l'arrangement, à une épingle oubliée, on devine la présence d'une femme. Aussi bien n'est-il pas besoin de faire des stipulations d'avance, les échos de l'escalier suffisent pour attester la liberté complète. Souvent même on visite les chambres habitées, ce qui est plus piquant encore : c'est la maîtresse d'un ami, souvent la sienne, en visite sous un toit étranger ; c'est la visiteuse de la veille, qu'on rencontre ailleurs le lendemain. Les amants jaloux pourraient se livrer avec fruit à ce genre d'espionnage, le seul peut-être qu'ils n'aient pas encore essayé. Quant à ces mystères que le hasard m'a dévoilés, je les ensevelis soigneusement au fond de ma mémoire ; ce sont les présents de la boîte de Pandore, funestes à la main qui les touche. L'expérience me l'a démontré, et j'en ai fait mon profit ; une seule fois, j'ai voulu avertir un de mes amis intimes que sa maîtresse le trompait. Celui-ci, très-reconnaissant de mes bons avis, m'a prouvé clair comme le jour : premièrement, que j'étais absurde; secondement, que sa maîtresse ne lui avait pas été infidèle; troisièmement, qu'elle ne pouvait même pas l'être, et enfin, que si je n'avais pas été son ami intime, il m'aurait relevé de la belle façon. Je vois maintenant d'un œil indifférent tous les désastres conjugaux, puisque les remèdes sont inutiles. Le mal est d'ailleurs si léger !

P. S. — Le prétendu parent à qui je laisse la place est un étudiant de mes amis que j'ai rencontré hier; il m'a remercié de lui céder une chambre si agréable. Je lui ai énuméré les charges du preneur, mais il n'a pas reculé. L'infortuné ! que Dieu ait pitié de lui. Ce rôle, d'ailleurs, lui convient parfaitement; c'est l'homme du monde le plus heureux, du moins je le suppose : car, à voir combien il a l'air content et satisfait de lui-même, on ne sait pas trop ce qu'il pourrait désirer. Ce n'est point l'esprit, il trouve que la nature n'a point agi en marâtre avec lui; quant au corps, elle l'a gâté plus encore, si c'est possible, son miroir le lui dit chaque jour, et il croit le lire dans les yeux de toutes les femmes qu'il rencontre. Quelques esprits mal faits trouvent bien qu'il n'est pas assez difficile; que, chez d'autres, cette présomption pourrait s'appeler de la fatuité; que le ciel, si prodigue, lui a, entre autres qualités, refusé la modestie. Mais que lui importe! si quelque vertu lui manque, il ne s'en aperçoit même pas; et si, comme le veulent les philosophes, le bonheur est dans l'imagination, sa félicité doit être parfaite.

X

A quoi peuvent servir les cornes d'un diable.—Georges Dandin déguisé en pierrot. — Nouvelle définition de la vertu. — Le singe et le dauphin. — Ce qu'on a trouvé une fois sous un masque rose, et qu'on n'y retrouvera certainement plus. — La tireuse de cartes et le cent-garde. — L'ombre de Brutus.

Toi qui aimes le pittoresque, tu prendrais plaisir à considérer la chambre de mon ami G***, étudiant en médecine ; non pas qu'elle fasse honte aux autres par la nouveauté de son ameublement, le luxe de ses tentures, mais par la couleur originale qu'il a su lui donner. Entre deux Vénus, une tête de mort se dresse grimaçante sur le secrétaire : un béret rouge sur son crâne blanchi, une pipe entre ses dents décharnées, elle semble promener partout ses grands yeux vides. D'un côté une panoplie, de l'autre un gigantesque râtelier de pipes, le tout entremêlé d'ossements croisés comme sur un voile de deuil, donnent à ce séjour un air lugubre, peu en harmonie avec la joyeuse société qui le remplissait hier soir.

Une vingtaine d'étudiants en costume de carnaval attendaient patiemment l'heure du *Prado*. Les marquis se carraient sur les fauteuils ; les mousquetaires étaient à cheval sur les chaises ; les fous, les incroyables se pelotonnaient sur le lit ; les pierrots et les sauvages s'étendaient philosophiquement sur le parquet. Quant aux femmes, indifféremment assises sur les genoux d'un marquis, à cheval sur la tête d'un sauvage, ou endormies sur les cornes d'un diable, elles se montraient, dans leur costume de pierrettes ou de folies, aussi rieuses, aussi babillardes que si elles avaient eu leur crinoline.

Les lumières étaient éteintes, la neige tombait dans la rue silencieuse ; la rouge lueur du foyer, la lumière bleue du punch, répandaient des reflets sinistres sur cet étrange assemblage. Il avait été décidé que chacun raconterait une histoire, en jurant, comme à la Cour d'assises, de dire toute la vérité, et rien que la vérité. Toutes les aventures se ressemblaient : on avait aimé, on avait été trompé ! Chose rare ! tous l'avouaient sans vanité. Aucun ne se vantait d'avoir allumé une flamme incendiaire, ou trouvé une affection sans mélange. Quelques-uns gardaient bien encore une illusion, faisaient de légères réticences, mais le mot de Georges Dandin était la conclusion de tous les récits. Quant aux femmes, qui n'avaient pas voix délibérative, elles semblaient approuver par le silence ce cantique à leur honneur.

Un pierrot mélancolique et enfariné se leva à son tour :

— Mes amis, dit-il d'une voix caverneuse, vous vous plaignez pour des infortunes bien légères et bien ordinaires. (*Murmures dans le centre.*) Que diriez-vous donc si je vous racontais ce qui m'est arrivé ?

— Parlez ! parlez ! s'écria la foule.

— Hélas ! je m'étais bien promis de l'effacer de mon souvenir. Je vais le dire ici pour la première et la dernière fois.

On versa deux litres de rhum pour alimenter le punch, dont la flamme pétillante jaillit jusqu'au plafond, et ute l'assemblée écouta dans un religieux silence.

— Vous avez tous connu Olivier et sa charmante Léopoldine, qui par son esprit, sa grâce, son charme, semblait ne pas appartenir au monde des grisettes.

Une folie eut envie de protester, mais la curiosité fut plus forte que l'amour-propre.

Le pierrot continua.

— Léopoldine avait une amie plus séduisante encore, s'il se peut. Aussi vive, aussi jeune, aussi jolie, Léonie (c'était son nom) n'avait qu'un défaut à mes yeux : elle était sage. Riez de moi si vous le voulez, mais j'ai toujours eu des principes à cet endroit, et pour rien au monde je n'aurais parlé d'amour à une jeune fille honnête, qu'elle fût la fille d'un concierge ou d'une duchesse.

— Bien ! mon fils, hurla un diable accroupi auprès du feu, voilà une bonne pensée qui te sera comptée, quand tu cuiras dans ma bouilloire.

— Silence ! cria la foule.

— Ce n'est pas que Léonie fût prude, ou facile à effaroucher, elle avait l'imprudente audace de son innocence. Chaque dimanche, échappée à son magasin et à sa famille, elle trouvait le moyen de rester avec nous. Mon cœur de pierrot tressaille encore en pensant à nos promenades, à nos journées passées au coin du feu. Léonie les animait par sa gaîté. Ses folles idées, ses naïves questions, ses confidences presque enfantines la rendaient plus séduisante encore. Je l'aimais, mais avec calme et sans trouble, et jamais aucun amour ne m'a laissé tant de bonheur que le souvenir de ces heures innocentes. Quant à elle, l'intimité d'Olivier et de Léopoldine, sa compagne de magasin, excitait sa curiosité. Elle avait surpris des regards tendres, parfois même des baisers furtifs, et quelquefois elle les contemplait d'un air rêveur.

— Vous ne me trouvez donc pas jolie? me dit-elle un jour brusquement, au milieu d'une promenade.

— Pourquoi cette question ?

— Vous ne me faites pas la cour, comme votre ami la fait à Léopoldine.

Cette demande, à la fois naïve et audacieuse, me déconcerta. Je répondis un instant sur le ton de la plaisanterie; mais, poussé dans mes derniers retranchements, je pris le plus mauvais parti, celui de dire la vérité, la seule chose qui, dans l'amour, doive se cacher à une femme. Je ne sais comment je m'en tirai, mais je dus être bien ridicule. Léonie rougit et se mit à cueillir des fleurs pour cacher son embarras. Un instant après, pour réparer ma maladresse et ramener la joie sur son visage, je lui proposai de la conduire au bal de l'Opéra l'hiver suivant.

— Une jeune fille sage ne va pas dans ces endroits-là, me répondit-elle d'un air piqué, et elle me quitta pour courir après Léopoldine.

Dès lors, nos beaux jours furent finis; je la revoyais bien encore, mais une barrière invisible s'élevait entre nous, notre intimité était morte; je la regrettais, mais il n'était plus temps.

L'hiver avait succédé à l'automne, ramenant ces nuits de plaisir et de folie qui nous consolent de l'absence des beaux jours. Pour moi, le bal de l'Opéra a toujours été le plus grand plaisir du carnaval. Aux premiers pas que je fais dans cette atmosphère de fleurs, de lumière et de musique, une ivresse inconnue s'empare de moi, mille idées confuses me montent au cerveau à la vue de ce tourbillon fantastique : c'est l'orgie dans sa plénitude, c'est la saturnale antique revivant plus brillante et plus animée; et sous ces masques indiscrets qui, loin de cacher la beauté, semblent mettre en relief des charmes qui auraient passé inaperçus, on s'attend à trouver les déesses du plaisir, descendues comme autrefois de l'Olympe pour se mêler aux mortels. Si l'illusion est belle, elle n'est pas longue; on retombe bien vite vers la réalité : ce n'est pas le temple, mais le marché du plaisir.

Une nuit donc, je me promenais au foyer de l'Opéra, ce sérail des sultans de la coulisse, quand un domino rose attira mon attention. Ce n'était point une femme, mais un sylphe qui glissait au milieu de cette foule compacte. Mille barrières se dressaient en vain sur sa route, elle les franchissait. Un coup d'éventail faisait justice des mains téméraires, une épigramme des déclarations. Qui voulait se voir rudement éconduit, n'avait qu'à se présenter. Faisant d'avance le sacrifice de mon amour-propre, j'aborde à mon tour le farouche domino qui, loin de se détourner, me prend le bras en riant :

— Toi, je te connais, me dit-il d'une voix moqueuse.

— Vraiment !

— Tu t'appelles D***, tu es étudiant, tu demeures rue de Vaugirard.

Et le sylphe disparaît sans qu'il me soit possible de le rejoindre,

Je le retrouve un instant après, et fais de vains efforts pour découvrir la maligne fée cachée sous cette frêle enveloppe. Je lui offre une glace, elle refuse ; une orange, même dédain.

— Mais qui donc es-tu? m'écriai-je; tu n'es pas une femme; j'en atteste ces murs qui ne virent jamais refuser glace ni orange.

Mon domino part d'un grand éclat de rire et disparaît de nouveau. Le reste de la nuit fut un perpétuel chassé-croisé ; mais l'heure avancée calma bientôt son humeur vagabonde; elle m'avoua son embarras pour rentrer à une heure aussi matinale, et finit par accepter à souper à la condition expresse que son masque ne quitterait pas sa figure. C'est convenu, et nous partons.

Une fois en voiture, ma curiosité n'était pas éteinte, mais un peu diminuée. Je me rappelais le dauphin de la fable portant un singe sur son dos, et je craignais de m'être trompé comme lui; mais il n'était plus temps d'y songer.

Le souper fut original et charmant à la tremblante clarté de mon feu; ma compagne ne voulut pas souffrir d'autre lumière; sur ce point seul elle fut inflexible, et au baiser d'adieu le masque inexorable était toujours sur sa figure.

— A ce soir huit heures, me dit-elle, vous saurez le mot de l'énigme.

La journée me parut bien longue. Les événements de la nuit me semblaient un songe, et quand certains détails me revenaient à l'esprit, je me croyais en proie à une hallucination. Mes amis me plaisantaient sur ma bonne fortune.

— C'est une douairière déguisée qui a voulu se jouer de toi, et que tu ne reverras plus.

— Les douairières seraient heureuses, répondis-je, de paraître aussi jeunes et aussi séduisantes. D'ailleurs, puisque l'amour est aveugle, qu'importe si son bandeau est un masque ou une illusion.

Le soir, bien avant l'heure indiquée, j'étais chez moi attendant mon inconnue. Il était sept heures et demie, quand j'entendis frapper. Je devins pâle, mon cœur battit, j'eus à peine la force de crier : Entrez.

Léonie se précipita dans ma chambre en riant.

— Comment allez-vous? je viens de chercher Olivier et Léopoldine qui arrivent à l'instant; et elle jeta son chapeau et son châle sur mon lit. Le moment était bien choisi pour me rendre visite! Mais sans remarquer ma préoccupation, elle se mit au coin du feu, en me faisant mille questions auxquelles je répondais à peine.

Tout à coup elle aperçut un jeu de cartes sur ma cheminée :

— Ah! vous avez des cartes, je vais vous dire votre bonne aventure.

Et elle se mit à les arranger sur la table. J'étais

sur des charbons ardents ; je n'osais lui dire de s'en aller, mes yeux ne quittaient pas la pendule, et je pensais que la femme au masque allait arriver.

— Tenez, vous voilà, le valet de cœur, avec la dame de pique ; ici, c'est de l'argent, là, une lettre. Mais voilà une dame de carreau qui se glisse sournoisement dans votre jeu ; il y a de l'amour là-dessous..... Mais vous ne m'écoutez pas?

— Allez à tous les diables ! m'écriai-je exaspéré. La pendule marquait huit heures moins deux minutes.

— Vous attendez donc quelqu'un ?
— Vous auriez dû le voir depuis longtemps !
— Je parie que c'est une femme?
— Justement.
— Que vous aimez?
— Beaucoup.
— Est-elle jolie?
— Je n'en sais rien.
— Comment, vous n'en savez rien? Voilà qui est drôle !... Et elle se dirigeait vers mon lit pour prendre son chapeau.
— Non, je ne l'ai pas vue.
— Et vous l'aimez bien, répéta-t-elle, d'un ton de voix qui me fit tressaillir.

Au même instant elle se retourna vers moi, un

masque rose sur la figure, et me tendit la main en souriant : je tombai à ses pieds ivre d'amour et de bonheur.

Je vous le demande, vous tous qui m'écoutez, si jamais illusion a été permise, n'est-ce point dans un semblable moment? En est-il un de vous qui n'aurait cru également à l'amour de cette jeune fille, qui avait pris un moyen si singulier pour se donner à moi!

Ici le pierrot s'arrêta, et tomba dans une profonde rêverie.

— La fin de l'histoire! cria-t-on de toutes parts.

— Devinez! vous qui croyez connaître le cœur humain, et surtout celui des femmes.

— Elle vous donna beaucoup d'enfants? dit un marquis.

— Elle vous demanda des dommages-intérêts? hasarda une folie.

— Elle vous accabla de son amour et de sa fidélité? s'écria un mousquetaire.

Quand on eut épuisé le champ des suppositions, le pierrot reprit :

— Vous n'y êtes pas. Aucun de vous n'a même approché de la vérité. Le lendemain elle disparut, et je ne la revis plus. Je courus à son magasin, elle n'y était pas revenue. Sa famille la cherchait inutilement. Dans mon anxiété et mon désespoir, j'allai, faut-il l'avouer, jusqu'à visiter la Morgue! Mais toutes mes recherches furent vaines, et je restai avec mes regrets. J'avais renoncé à la trouver, sans pouvoir l'oublier, quand un jour je la rencontrai aux Tuileries se pavanant fièrement au bras d'un cent-garde. En passant près de moi elle me lança le sourire le plus moqueur que Dalila ait jamais jeté sur Samson.

— O vertu, tu n'es qu'un nom! m'écriai-je comme Brutus; mais j'oubliai de me percer de mon épée.

XI

Petit carême. — Le réalisme et le café chantant. — Les Hespérides modernes. — Est-il circoncis oui ou non? — Oraison funèbre de Guignol. — Quarante voleurs à Bobino. — L'esprit du hasard. — Un baptême sans dragées.

Le carnaval s'est éteint dans une dernière nuit de plaisir, nous laissant tristes et ennuyés. Ce n'est plus l'hiver, ce n'est pas encore le printemps. Que faire pendant ces jours sombres et pluvieux? Pour abréger le cours de ces heures insipides, nous sommes parfois obligés de recourir au Code civil;

quelle détresse ! Mais le soir est plus vide encore : la gaîté des bals a disparu avec le dernier masque. Pour la promenade il n'y faut pas songer ; ce serait une imprudence de se hasarder sur cet océan désert de bitume liquide, sillonné au loin par quelque crinoline égarée. Pour toutes distractions nous avons le café chantant et le théâtre.

Nos réalistes, car nous en comptons parmi nous, ont transformé le café chantant en *hurlant* ou *beuglant*, et par hasard le réalisme n'a pas cette fois exagéré la vérité.

Que dirais-tu en te voyant au milieu de cette atmosphère pleine de bruit et de fumée ? Les chanteurs forment la partie la moins curieuse : ils chantent, il est vrai, mais si peu ! et puis on les écoute moins encore. Aussi, pour monter sur ces planches, faut-il qu'ils aient renoncé à cette dernière parcelle d'amour-propre qui vit encore dans le cœur des derniers saltimbanques. La vraie scène est dans la salle, et la curiosité n'a que faire de tourner les yeux vers ces infortunées chanteuses qui se morfondent dans leur toilette fanée.

Mais alors pourquoi y venir ? Voilà ce que ne peuvent comprendre les profanes égarés dans cette enceinte, non moins scandalisés de cette indifférence musicale, que durement éprouvés par les drogues sans nom, servies en guise de consommation.

Le café chantant est la succursale du Prado ; il réunit cette grande famille étudiante qui ne pourrait passer un jour sans se voir. On cause, on fume, et surtout on passe le temps, c'est le principal. Au bal, l'ambition d'une femme est de montrer un bouquet, plusieurs bouquets même, témoignages irrécusables de sa beauté : ici, les oranges ont la faveur, et la soirée est employée à en amonceler une pyramide qui eût effrayé Hercule lui-même : amis, ennemis, étrangers, sont mis en réquisition pour élever ce trophée ; chaque regard, chaque sourire implorent despotiquement ce tribut ; et c'est à qui fera monter le plus haut le nombre de ses adorateurs. Voilà bien la nature humaine! vas-tu t'écrier; le moindre souffle de vanité remplit ces âmes étroites et légères, et le plus futile triomphe leur demande plus de peines et d'adresse que la vertu la plus difficile. Hélas! pauvre philosophe en défaut, des gens bien informés insinuent que la vanité ne se plaît pas seule à contempler ces pyramides dorées, mais bien aussi l'intérêt, qui sait les revendre à moitié prix.

Hier, au milieu de la soirée, un gros homme, vêtu plus que modestement, est venu se camper au milieu du café : aussitôt les femmes de lui sourire, les hommes de lui parler, c'était à qui l'attirerait auprès de soi. Je demandai à mon voisin quel était cet étrange visiteur.

— C'est l'homme le plus juif de tout le quartier, me répondit-il.

— Diable ! c'est beaucoup dire.

— Ce n'est pourtant que l'exacte vérité. C'est le fameux Eléazar, juif par naissance, par état et par conviction. Il trafique de tout, de ce qui existe comme de ce qui n'existe pas. Les cannes, les montres et les vieilles culottes, rien n'est étranger à son commerce. Du reste, c'est l'homme le plus heureux du monde ; partout comblé d'égards et de prévenances, il ne peut aller nulle part sans trouver de ses débiteurs, ou des aspirants à le devenir.

En effet, bientôt il s'approcha de nous pour nous faire mille offres plus séduisantes les unes que les autres, nous proposa d'acheter à crédit, pour cinquante francs, une canne qui valait bien vingt sous, et nous dit une foule d'autres choses agréables. Il nous quitta enfin, persuadé que nous étions de très-mauvais clients. Mais il fut plus heureux avec notre voisine, jeune débutante pleine de bonne volonté, à qui il vendit une grosse chaîne d'or, hypothéquée sur sa jolie figure.

Pour mettre de la variété dans nos plaisirs, nous allons parfois au théâtre, mais rarement. L'Odéon est devenu un théâtre sérieux : la liberté du sifflet a été abrogée, et, je ne sais pourquoi, il a perdu tout son charme à nos yeux. Nous y allons seulement aux jours de méditations sérieuses et de réflexions philosophiques.

Il y a bien encore là-bas, bien loin, sur les confins du Luxembourg, un petit théâtre qui crie bien fort pour tâcher de se faire entendre : c'est Bobino, jadis séjour de prédilection de Guignol, qui possédait toujours la gaîté et rencontrait quelquefois l'esprit. Mais, hélas! l'ambition l'a perdu! Les lauriers du Gymnase l'empêchaient de dormir. Il a même osé, l'imprudent! aller sur les brisées de la Porte-Saint-Martin, de l'Ambigu. Les drames échevelés du boulevard, les féeries à grand spectacle, y ont paru... en réduction. L'autre jour, ne sachant que faire et plutôt que de nous donner au diable, nous y sommes allés en nombre. On jouait *Ali-Baba ou les Quarante Voleurs :* le moyen de trouver quarante personnages dans cette bonbonnière? Aussi vingt-sept brigands, dans leur costume de tradition, étaient peints sur la toile. Mais, ô douleur! en réunissant toutes les figures patibulaires de la troupe, on était arrivé seulement au nombre douze, et le public, très-fort sur l'arithmétique, se fâcha tout rouge en voyant qu'on se jouait ainsi de sa crédulité.

— Que vos personnages soient en toile, en carton, ou en papier peint, s'écriait-il, que m'importe ! les acteurs muets valent bien les autres ; mais, pour l'amour du ciel, donnez-moi mon compte !

Et le tapage recommençait de plus belle, quand le directeur parut sur la scène pour haranguer le public.

— Bravo ! cria-t-on de toutes parts, voilà le quarantième voleur trouvé, nous sommes satisfaits !

Et la représentation se termina sans encombre.

Tu le vois, peu de chose suffit pour amuser nos jeunes Athéniens.

Voilà tout ce que j'ai vu de nouveau pour le moment. En vain je regarde à l'horizon ; pas le moindre scandale, pas la plus légère aventure ! Epuisées par un carnaval laborieux, nos danseuses réparent leurs forces et leur beauté, attendant le printemps pour danser à Asnières et canoter à Neuilly. Le hasard vient heureusement à mon secours, en me rendant témoin d'une de ces scènes comiques dont lui seul a le privilége.

Ce matin, je rencontre un de mes amis au bras d'une fort jolie commère, accompagné de sa concierge, tout heureuse de porter triomphalement un enfant dans ses bras.

— Comment! tu ne m'as seulement pas envoyé de dragées? m'écriai-je en l'abordant.

Lui, aussitôt, de se défendre, de m'expliquer qu'il est seulement parrain, et encore par complaisance. C'est l'enfant d'une de nos célébrités du Prado, qui l'abandonne tout le jour aux soins de sa concierge, bonne âme, qui ne demande pas mieux. On allait faire baptiser la pauvre petite créature, menacée d'un sort bien incertain, sa mère changeant de logement et allant à l'aventure. Il me propose de l'accompagner comme témoin, et je le suis. Après le baptême, on inscrivit l'enfant sous le nom de la mère, le père étant inconnu.

— Où demeure la mère? demanda le prêtre.

— Elle va demeurer... balbutie la concierge.

— Son dernier logement? interrompit le prêtre; où a-t-elle couché la nuit dernière?

La sainteté du lieu arrêta le sourire sur nos lèvres: sans mentir, Dieu seul eût pu répondre à semblable question!

XII

Cours de médecine pratique. — Différence entre les sages-femmes et les femmes sages.— Leibnitz et Nélaton.— L'Amour médecin. — Pourquoi la fable lui a donné un bandeau. — Le bonheur du damné. — Un serment comme on en a tant fait.

L'étudiant en droit n'est pas un étudiant, c'est un flâneur élégant, parfois même un peu prétentieux, qui va de temps en temps au cours et souvent au café. Après trois ans de cette vie, — pourquoi trois ans au lieu de cinq? on ne le sait pas, — il s'en retourne avocat, notaire ou substitut, et quelquefois rien du tout. Le véritable étudiant, c'est l'étudiant en médecine : le luxe n'a point encore envahi ses rangs, la pipe a gardé chez lui ses droits imprescriptibles, et le sans-façon y compte un parti très-nombreux. Tu pourrais vivre dix ans parmi nous sans te douter de l'existence du Code civil, mais, à coup sûr, tu en sortiras médecin. Je commence à faire de très-grands progrès dans cette science, et il est certaine partie de médecine usuelle et journalière que je pourrais traiter *ex professo*. D'ailleurs, je vais très-souvent à l'Ecole de médecine, presque aussi souvent qu'à l'Ecole de droit. Devine si c'est beaucoup dire !

En face de l'Ecole de médecine, qui n'a pas été reléguée sur la frontière, comme notre Ecole de droit, se trouve celle d'accouchement pour les sages-femmes. Comme au catéchisme, les étudiants de sexes différents sont soigneusement séparés pendant le cours. Une chose m'a frappé, en voyant groupées sur l'escalier de la clinique les servantes de la chaste Lucine : elles se divisent en deux classes bien distinctes, les unes de vingt ans, les autres de quarante. J'en faisais la remarque à un étudiant qui m'a répondu :

— Les jeunes commencent, les vieilles finissent. Elles mettent généralement très-longtemps à faire leurs études, et bien des années séparent la première inscription du dernier examen. Que se passe-t-il durant l'intervalle? on l'ignore. Comme dans les tragédies classiques, les événements importants ont lieu pendant l'entr'acte.

Mon ami N... est un des plus fervents disciples d'Esculape. Il n'a pas assez d'admiration pour la médecine et de louanges pour ses grands-prêtres. Chaque jour il trouve matière nouvelle à s'extasier.

— Ah! mon ami, comme Velpeau a été habile ce matin! Quelle adresse Nélaton a déployée en enlevant cette mâchoire ! quelle grâce ! quelle élégance !

Cette élégance, loin de me transporter, me fait frissonner jusque dans la moelle des os, et me rappelle l'élégante discussion de Leibnitz sur les tourments éternels de l'enfer. Pour me mettre à même d'en mieux juger, bien souvent il m'emmène avec lui, et je suis habitué à le voir arriver chez moi le matin, tout essoufflé d'avoir gravi mes cinq étages.

— Au nom du ciel! viens vite, j'ai un cas superbe à te montrer : un homme tombé d'un cinquième étage avec tous les membres brisés. Ah! ce n'est pas tous les jours que nous arrive semblable bonne fortune !

Un matin, en faisant sa visite, N... vit une nouvelle malade arrivée la veille. C'était une jeune fille au visage pâle, aux grands yeux noirs. On ne pouvait se défendre d'un sentiment de pitié, en voyant la tristesse répandue, comme un voile de deuil, sur cette figure si jeune. Elle lui apprit qu'elle était orpheline, et que la pauvreté l'avait forcée à entrer à l'hôpital ; des larmes s'échappèrent de ses yeux, en achevant cet aveu d'une voix incertaine et tremblante. N... fut ému malgré lui. Pour la première fois il pensa au sort d'une infortunée, enfermée seule au milieu de femmes étrangères, plutôt ennemies de sa jeunesse et de sa beauté que compagnes de ses douleurs. Si la souffrance est dure à la femme riche, entourée de soins et d'affections, que doit être celle d'une pauvre enfant qui ne trouve que des soins banals et des compagnes jalouses! Plus encore que par ses paroles, il la rassura par un regard bienveillant qui semblait dire : Comptez sur moi, vous avez un ami.

Rien ne saurait exprimer la touchante reconnaissance de la jeune fille : une lueur d'espoir sillonna son pâle visage, et de ses yeux noirs jaillit une flamme qui alla jusqu'au cœur de N... Quand, un instant après, le chirurgien arriva avec ses internes, la jeune malade, d'abord effarouchée de se voir entourée de jeunes gens, se rassura en apercevant N... auprès d'elle, qui lui murmura tout bas : Ne craignez rien.

Dès ce jour, une vive sympathie l'unit à elle. Ce n'était plus l'amour de l'art qui conduisait chaque jour ses pas à l'Hôtel-Dieu. Il avait oublié l'adresse de Velpeau, l'élégance de Nélaton, pour ne penser qu'à sa chère cliente. Comme il allait impatiemment savoir de ses nouvelles ! avec quel soin, quelle délicatesse il la pansait, craignant toujours de briser cette fleur délicate. De son côté, Marie (c'était son nom) s'était habituée aux soins et à l'affection du jeune étudiant. Elle avait d'abord accueilli avec reconnaissance cet ami qui s'intéressait à son sort; peu à peu l'attachement avait succédé à la reconnaissance, et un jour l'amour s'était glissé dans son âme : amour ingénu et naïf, qui s'ignorait lui-même, et avec lui le désir de plaire. Aussi, comme chaque matin ses cheveux étaient soigneusement peignés, son bonnet coquettement arrangé ! surtout comme ses yeux brillaient, comme son cœur battait avec force quand arrivait l'heure de la visite ! Sa pensée, le plaisir de le voir, occupaient seuls ces longues heures qui s'écoulent dans l'ennui quand elles sont vides de souffrances.

Rien n'échappe à l'œil et à la langue d'une femme. Ses voisines s'étaient bien vite aperçues de ces douces prévenances, de ces attentions si peu habituelles aux médecins pour leurs malades. Sa jeunesse, sa beauté eussent suffi pour lui faire de ses compagnes des rivales acharnées ; que fut-ce donc quand la jalousie vint s'y joindre. Ce fut un supplice de toutes les heures, que celui de la pauvre enfant au milieu de ces mégères que l'âge, les vices, les malheurs avaient rendues impitoyables.

— Le beau blond va venir, disait l'une, quand le matin Marie lissait ses cheveux devant sa petite glace.

— Avez-vous vu, disait une autre, avec quel soin il l'approche ! Il a peur d'y toucher, comme aux reliques ; ce n'est pas avec moi qu'il fait tant de façons !

— Parbleu ! c'est sa maîtresse, criait brutalement une vieille édentée, sa voisine, qui ne cessait de la poursuivre de ses regards méchants, de ses rires hargneux.

La triste Marie, rouge de honte, les yeux pleins de larmes, se cachait sous sa couverture et pleurait en silence. De toutes ses compagnes, pas une qui ne fût son ennemie ; les plus jeunes elles-mêmes s'étaient tournées contre elle. Mais la pensée de N... la soutenait ; elle était heureuse de souffrir pour lui, et jamais elle n'aurait voulu lui dire ce que lui coûtait son amour. Quand, le matin, elle voyait son doux regard abaissé sur elle, la plaindre et la consoler, elle oubliait tous ses maux. Le jour où il fallut lui faire une opération, loin de trembler, elle lui dit: Vous serez là, vous me tiendrez la main, et j'aurai du courage.

Un matin, en arrivant à l'hôpital, N... vit Marie assise à la porte, l'attendant pour lui faire ses adieux.

— Mais vous n'êtes pas guérie, s'écria N..., chez qui l'amant se joignit au médecin! C'est une imprudence de partir si vite.

Après avoir balbutié plusieurs excuses, Marie éclata en sanglots, et lui avoua qu'il lui était impossible de rester plus longtemps dans l'hôpital, que ses compagnes lui en avaient fait un véritable enfer ; qu'elle préférait mourir plutôt que d'y retourner.

N... en devina bien vite le motif.

— Et où irez-vous ? lui dit-il.

— Je ne sais pas : je m'en vais à la grâce de Dieu, balbutia la pauvre enfant en dévorant ses larmes.

— Ecoutez, dit N... après un instant de réflexion, je demeurais avec un de mes amis, il est parti depuis quelques jours, voulez-vous prendre sa place? Vous partirez et vous me remercierez quand vous serez guérie. Nous nous connaissons depuis peu, mais je suis votre seul ami : acceptez comme d'un frère.

Après bien des refus, Marie accepta.

La guérison va vite quand le cœur est joyeux. Soignée par un médecin si empressé, Marie entra bientôt en convalescence, et un jour elle se trouva complétement guérie, plus tôt peut-être qu'elle ne l'aurait voulu. Ce jour-là encore elle fit son modeste paquet, et en rentrant N... la trouva prête à partir. Tous deux restèrent un moment la main dans la main, la tête baissée, et les yeux pleins de larmes.

— Où allez-vous, Marie? dit N... d'une voix tremblante.

— Je m'en vais à la grâce de Dieu, répéta encore la jeune fille.

— Pourquoi partir? pourquoi nous séparer? murmura N... d'une voix si basse que Marie ne répondit pas.

Le lendemain, quand je les revis, N... était radieux de bonheur, et je vis sur la figure de Marie comme un reflet de cette joie, à travers la rougeur et l'embarras qui la couvraient.

Que pourrais-je te dire des jours suivants? Ils s'aimaient, ils étaient heureux, et le bonheur ne se raconte pas. Marie était toujours la pâle jeune fille aux grands yeux noirs et pleins de feu : l'amour avait changé sa physionomie, autrefois calme, aujourd'hui sérieuse et passionnée, mais toujours aussi chaste que le jour où je l'avais vue pour la première fois dans son petit lit de l'hôpital. Souvent, j'allais me plonger dans cette atmosphère sereine répandue autour d'eux, et qui semblait une émanation de leur bonheur.

Mais, hélas ! le bonheur n'est pas éternel, il passe comme un rêve, et on dirait que les rares instants qu'il nous accorde sont autant de vols faits à la destinée. Au bout de quelques mois, Marie retomba plus gravement malade. L'ami de N... était de retour ; d'autres considérations encore la forcèrent de rentrer à l'hôpital. Mais, cette fois, elle y alla sans crainte, forte de son amour, dont le souvenir la soutiendrait au milieu de ses épreuves. N..., d'ailleurs, la voyait tous les jours,

Un soir à dix heures, il tombe chez moi.

— Ah ! mon ami, si tu savais ce qui m'arrive ! une dépêche électrique me rappelle de suite dans ma famille. Je ne puis voir Marie ce soir, mais, je t'en prie, vas-y demain sans faute, remets-lui toi-même cette lettre, dis-lui bien que je reviendrai au plus tôt : la pauvre enfant pourrait se croire abandonnée.

En disant ces mots, sa voix tremblait, des larmes coulaient de ses yeux. Le lendemain, je courus à l'hôpital, mais impossible d'entrer : le concierge ne me connaissait pas, je n'y avais pénétré que sous le couvert de N.... Je lui remis la lettre avec une pièce de monnaie, pour que la commission fût plus sûrement faite.

Huit jours après, N... arrivait chez moi au sortir de voiture. Je lui racontai mon message, et nous volâmes à l'hôpital. Marie était mourante, la vue de N... parut la ranimer.

— Vous ne m'avez donc pas abandonnée? dit-elle d'une voix éteinte, et son visage s'illumina d'une joie suprême.

— Ma lettre, vous n'avez donc pas reçu ma lettre? cria N... en se tordant les bras.

— Mademoiselle, ricana la vieille voisine en s'approchant de Marie, c'est donc pour vous cette lettre qu'on m'a remise il y a huit jours?

N... voulut s'élancer sur elle, mais il s'arrêta épouvanté ; en voyant cette face ridée, illuminée d'un sourire et d'une joie satanique, il comprit le bonheur des damnés.

Depuis la mort de Marie, N... est inconsolable. La vue d'une femme le rend malheureux, il a même résolu de ne jamais se marier.

Dans dix ans, si je le revois, je te dirai s'il a tenu parole.

XIII

Méditation sur la blanchisseuse. — Sort réservé à Harpagon. — De cette histoire la morale la voici. — Comment on devient étudiante. — La naissance de Minerve. — Mémorable parole de César. — Un ami, un chien et une maîtresse.

As-tu une blanchisseuse, mon ami? Ne ris pas de ma question : je ne veux pas parler du bipède ainsi nommé, qui a de gros pieds, des jupons courts, les mains rouges et le nez camard ! Fi donc! ma blanchisseuse à les ongles roses, elle porte des gants Jouvin et des robes de soie; elle pose comme une reine dans son comptoir, et bien des lorgnons se braquent pour admirer sa taille élégante quand elle repasse mes chemises en costume d'Opéra-Comique.

C'est une position dorée que celle de blanchisseuse à Paris, dans notre quartier surtout. La bonne aubaine que des jeunes gens plus attentifs à un joli visage qu'au compte de leur linge, qui donnent et reçoivent les yeux fermés. Aussi chaque atelier renferme un essaim de jeunes et jolies messagères, pour aller chez des clients si faciles. Mais pour les Harpagons de vingt ans, pour ces pères de famille en herbe qui ont le mauvais goût de compter leur linge, voire même de le vérifier, il n'y a pas de sorcières assez vieilles, de mégères assez laides. Un de mes amis m'a conduit chez sa maîtresse qui est blanchisseuse : l'atelier est transformé en taverne flamande; on fume autant de cigarettes qu'on donne de coups de fer, et l'occupation principale paraît être de rire et de s'amuser. J'ai observé quelques petits détails, j'ai percé quelques mystères, et je suis sorti convaincu de cette vérité, que s'il est immoral d'avoir une maîtresse, il est très-dangereux de choisir sa blanchisseuse.

C'est sur ce terrain, pourtant, que la plupart de nos compagnes font leurs premières armes. Un beau jour les ingrates abandonnent ce fer, premier instrument de leur fortune; elles ne jettent pas leur bonnet par-dessus les moulins, — depuis longtemps elles n'en portent plus, — mais, renversant leur chapeau derrière la tête, elles prennent un cigare aux dents et les voilà étudiantes. L'étudiante d'aujourd'hui est bien différente de la grisette d'autrefois, à en croire la tradition : elle ne donne pas son cœur, et pour cause; mais elle se donne elle-même sans compter, avec prodigalité même! elle partage nos bons et nos mauvais jours, nos bons de préférence. Elle est gaie, insouciante, gourmande et capricieuse. Que peut-on lui demander de plus?

Dans ce naufrage de ses sentiments, de ses affections, un seul a survécu puissant et vivace : celui de la toilette. Ah! voilà le grand point, la grande question : *To be or not to be!* La toilette c'est la femme, comme le style c'est l'homme. A la voir par un jour de printemps, fraîche, pimpante et ballonnée, on la croirait éclose ainsi d'une fantaisie, comme Minerve du cerveau de Jupiter; il n'en est rien pourtant. Elle ressemble plutôt à ces roches de sédiment formées de couches superposées et d'origines diverses. Ce travail de toilettification est souvent long et curieux à observer : qui pourrait dire ses hasards et ses péripéties? Aujourd'hui c'est la soie, demain le velours; un beau jour enfin, l'équipement est complet, et les voilà lancées sur l'océan du plaisir, attendant le souffle propice de la fortune. Mais aussi que de soins, que d'attentions pour cette ceinture de Vénus si difficile à conquérir ! Sur elle s'est concentré tout amour comme toute haine. Soldat, frappe au visage ! disait César à ses guerriers; elle vise la robe, en la frappant elle est sûre d'atteindre le cœur.

L'autre soir nous étions chez la Rôtisseuse, dont la fin du mois avait fait un grand désert. Les échos silencieux ne répétaient pas les chants accoutumés, et la gaité semblait un instant endormie; seules à la même table, deux femmes bien connues soupaient en bonne intelligence, chose d'autant plus extraordinaire qu'on les avait toujours vues rivales et ennemies. Nous étions étonnés de cette intimité soudaine, quand l'une d'elles en passant nous apprit le mot de l'énigme :

— Elle commence à se griser, dit-elle en regardant sa compagne avec une joie féroce : tout à l'heure elle sera ivre, elle se roulera par terre et sa robe neuve sera perdue.

Et elle disparut en chantant.

J'allais te faire les plus belles réflexions philosophiques sur ce chef-d'œuvre de diplomatie féminine, quand un de mes amis est entré avec son chien, sa maîtresse et son ami, accompagnement obligé de tous ses pas. Mon mérite personnel et le charme de ma conversation ne sont pas seuls à me valoir l'honneur de cette visite ; c'est un charmant garçon comme il y en a beaucoup parmi nous, qui ne sait comment dépenser les heures de sa journée, et en bon compagnon il veut partager avec ses amis l'ennui qui le dévore: aussi en entrant il s'est laissé lourdement tomber dans un fauteuil et s'est écrié d'une voix lamentable :

— Oh ! mon Dieu, comme on s'ennuie ici !

Le chien a aboyé, la maîtresse a souri, et l'ami a discrètement rempli son rôle de cavalier servant.

Adieu, je ferme ma lettre, je pourrais bien en avoir pour jusqu'à demain matin.

XIV

Les péchés véniels. — Il est avec le ciel des accommodements. — Les mariages turcs. — Homélie sur le petit nombre des élus. — Un petit-neveu de Tartufe. — L'aigle et le hibou.

J'ai beaucoup réfléchi à ce que tu me dis dans ta dernière lettre. Je crois que tu as raison, je suis bien près de devenir immoral. J'étais arrivé à Paris scandalisé au nom seul de maîtresse, et j'ai bien peur maintenant d'en trouver l'idée toute naturelle. Ne m'accuse pas de cynisme, je n'ai que le tort d'avouer une opinion que beaucoup de gens partagent tout bas, en la blâmant bien haut. Que veux-tu ? l'exemple est si contagieux ! Ce qui dans notre petite ville paraît un monstre abominable, n'est, ici, qu'un tout petit péché véniel, et si joli, que, ne fût-il pas un péché, je crois qu'on l'aimerait encore. L'habitude d'ailleurs lui a fait perdre tout son danger, comme ces poisons de Mithridate qui se neutralisaient mutuellement. Un profond philosophe me disait l'autre jour : N'avoir point de maîtresse est de la sagesse, n'en avoir qu'une est de l'absurdité, mais en avoir vingt c'est seulement de la folie. Et tout le monde en a vingt ! Je ne sais comment, mais cette morale facile est entrée dans les mœurs, si profondément même, qu'on trouve des pécheresses de bonne foi qui font l'amour à l'italienne, et vont chez leur amant en sortant de l'église : et l'histoire affirme que nous n'avons rien innové en ce genre !

Loin de moi l'idée de vouloir justifier de semblables coutumes : je les constate seulement, et je trouve très-impertinents nos moralistes qui s'avisent de blâmer les Turcs. Ce sont de très-honnêtes gens, qui ont plusieurs épouses il est vrai : mais si le Code ne nous en permet qu'une seule, en revanche le nombre de nos maîtresses est illimité. Quel est le plus moral des deux ? Il y aurait à ce sujet un curieux travail de statistique à faire dans notre quartier. Personne encore ne l'a tenté faute de documents. Mais je crois que si Massillon, revenant au milieu de nous, recommençait son sermon sur le petit nombre des élus, après avoir divisé son auditoire en quatre catégories : les pécheurs endurcis, ceux qui se cachent pour pécher, ceux qui voudraient bien pécher, et ceux enfin qui feraient mieux de pécher, il pourrait, se livrant à toute son éloquence, et sans crainte cette fois de se voir taxé d'exagération, s'écrier : O vertu ! que reste-t-il pour votre partage !

Et pourtant, mon ami, Dieu sait que nous avons seulement succombé à la tentation. Ces vierges folles, nous n'avons pas soufflé sur leur lampe, mais nous les avons rencontrées sur notre route, heureuses de trouver la jeunesse après la corruption qui les a perdues. Nous n'avons abusé ni de notre fortune, ni de notre position, ni de notre autorité, comme tant d'autres, mais seulement de notre âge, si toutefois c'est abuser ! Et en voyant cette vie pleine d'entrain, de jeunesse et de gaîté, le moraliste austère hésiterait à donner le nom de débauche à cette ardente curiosité des sens et de l'imagination.

Peut-être garderait-il un regard plus sévère pour tous ces petits neveux de Tartufe, qui veulent bien pécher, mais en conservant le mérite de la vertu. Elle n'est pas morte cette race d'hypocrites, c'est une phalange toujours nombreuse et bien composée !

Mon ami X*** est un des membres les plus distingués de cette confrérie. Il se cache soigneusement pour faire le mal, mais monte sur ses échasses pour remplir un acte de vertu. Tout le monde sait qu'il va à la messe, qu'il est de la société de St-Vincent-de-Paul, et que c'est l'étudiant du monde le plus rangé, le plus laborieux. Plein de zèle pour le salut de ses amis, il voudrait les ramener au bien. C'est par lui qu'on sait dans nos familles tout ce que nous faisons et même ce que nous ne faisons pas. Lui parle-t-on d'un de ses camarades, il prend un air contrit, et son regard, douloureusement levé au ciel, semble dire : Pauvre garçon ! mieux eût valu qu'il ne fût jamais né, que d'être une pierre de scandale pour ses frères. Et se félicitant de son œuvre charitable, content d'avoir accablé son prochain pour s'innocenter lui-même, il retourne en paix à ses amours mystérieuses.

L'autre soir je l'ai aperçu se glissant silencieusement le long du mur, accompagné d'un chapeau rose. En deux bonds je fus près de lui. En vain avait-il essayé de détourner la tête, il n'était plus temps de reculer.

— Eh ! c'est ce cher ami, m'écriai-je en lui prenant les mains et lui barrant le passage. On ne te voit plus, j'en devine la cause.

— Oh ! non, mon ami, tu te trompes...

— Tant pis, morbleu ! ce serait une belle cause !

— Non... Madame est la maîtresse d'un de mes amis.., et même je suis bien ennuyé...; il va venir la chercher chez moi.... et.... on pourrait penser....

Je vis le chapeau rose froncer le sourcil.

— Oh! qu'à cela ne tienne, mon cher; j'arrive juste pour te tirer d'embarras. Ce n'est pas pour rien qu'on a des amis : je vais t'accompagner chez toi, et ton honneur ne courra aucun risque.

— Oh ! non... merci...

— Si bien, je connais trop les devoirs de l'amitié pour y manquer jamais.

— Encore une fois je t'assure...

— Non, non, je n'écoute rien, et je veux te sauver en dépit de toi-même.

Et malgré, ou plutôt à cause de ses refus, de ses protestations, me voilà l'accompagnant de vive force jusque chez lui. Une fois là, je profitai de ma situation et j'amenai la conversation sur un terrain brûlant : je soutins qu'un homme est pendable quand il a renié son opinion ou sa maîtresse. Le chapeau rose était de mon avis.

— Cependant il est telle circonstance, balbutia X***.

— Jamais! m'écriai-je avec feu. Un mauvais cas et une femme laide sont seuls niables, et moi, femme, je ne pardonnerais pas à mon amant semblable lâcheté !

Un sourire du chapeau rose vint récompenser mon éloquence.

Pourtant minuit allait sonner, et l'ami prétendu ne venait pas. Je me levai.

— Tu vois, cher ami, que j'ai bien fait de t'accompagner. Puisqu'on ne vient pas chercher madame, j'aurai le plaisir de lui offrir mon bras.

— C'est inutile de te donner cette peine, s'empressa-t-il de répondre, je vais moi-même...

— Je vous remercie, ne vous dérangez pas; monsieur m'accompagnera, interrompit sèchement la jeune femme, et elle se dirigea avec moi vers la porte.

Le malheureux X*** était atterré : un grand combat se livrait en lui entre l'amour et le respect humain ; je suivais sur son visage toutes les phases de cette lutte intérieure. Enfin, le respect humain fut le plus fort, et il nous dit adieu d'une voix presque calme.

Quelques jours après je le rencontrai dans la rue :

— Ah! mon cher, sais-tu que ton ami a une maîtresse charmante? Ne le lui dis pas au moins, il pourrait se brouiller avec elle.

L'infortuné changea de couleur : je ne sais s'il a changé de maîtresse.

XV

Une page sérieuse de la vie. — Larme au milieu de rires. —
Un enterrement au quartier latin. — Triste retour.

Ce n'est pas une lettre gaie que tu recevras de moi aujourd'hui. Je t'écris encore sous l'impression d'un terrible événement, tombé au milieu de notre vie folle et agitée comme pour nous avertir que la jeunesse n'est ni éternelle, ni inviolable !

L'autre jour nous arrivions joyeux au café, quand un silence lugubre nous a accueillis : on ne parlait pas ; à peine on chuchotait à voix basse. Quelques heures auparavant, une mort subite avait emporté, au lendemain de sa thèse, un de nos compagnons dans la force de l'âge et de la santé. La consternation se peignait sur tous les visages, et chacun laissait voir une douleur sans arrière-pensée. C'était un spectacle à la fois triste et touchant, que ce cercueil qui s'en allait sans famille, sans parents, mais auquel faisaient cortége cinq ou six cents jeunes gens, conviés habituels de moins tristes solennités. La nouvelle avait circulé rapide, et aucun n'avait voulu y manquer. Ce n'est point une vaine curiosité qui avait amené cette foule, et, à l'église, j'ai vu toutes les têtes courbées sous la pensée de la mort venue, comme une étrangère, s'asseoir au milieu de nous.

J'ignore quels sentiments agitaient mes compagnons, mais les idées les plus tristes se sont élevées en moi; cette funèbre lueur semblait jeter sur l'avenir de sinistres reflets. En disant adieu à cet ami, arrêté par la mort au seuil de la vie, je me suis demandé s'il fallait plaindre ou envier son sort, et si l'antiquité n'avait pas raison de regarder une fin précoce comme un bienfait des dieux. Hélas! nous qui restons, n'est-ce pas pour suivre encore bien des cercueils, et reposer un jour sous la terre après avoir conduit le deuil de tous ceux que nous aurons aimés?

XVI

La comédie au quartier latin. — Avis aux directeurs de théâtre dans l'embarras. — Réhabilitation du public.

Tu sauras, mon cher Paul, qu'hier c'était grande fête chez un de mes amis, je ne sais plus à propos de quoi, je crois même à propos de rien, sinon pour s'amuser.

Certaines gens croient avoir besoin d'une excuse ou d'un prétexte pour prendre du plaisir; nous le prenons toutes et quantes fois que nous pouvons, et plût à Dieu que nous le pussions plus souvent !

On a chanté, dansé et joué une comédie inédite.

Les acteurs n'ont pas eu besoin de grands frais d'imagination pour composer leurs rôles, qui n'étaient autres que leur histoire de tous les jours ; aussi ils ont été éblouissants de verve et frappants de vérité.

Le public a applaudi avec frénésie ; il est vrai qu'il n'avait pas payé sa place, et qu'il a eu toute la soirée des rafraîchissements à discrétion. Je recommande le moyen aux directeurs de théâtre aux abois.

L'auteur a bien voulu me permettre de la copier et de te l'envoyer ; il ne craint pas de voir un théâtre de province s'en emparer. Si tu la montres, quelques curieux pourront s'aviser de la lire, peut-être même d'y prendre plaisir, mais ils crieraient bien fort au scandale s'ils la voyaient représenter en public.

D'ailleurs, l'auteur m'a dit ne pas ambitionner pour elle les honneurs de la rampe. Nos théâtres ont des œuvres plus sérieuses et plus dignes de la scène. Peut-être succombera-t-il à la tentation, si commune aujourd'hui, de se voir imprimer. Dans ce cas, il se félicite de n'avoir pas une longue préface à faire pour remercier le directeur d'avoir bien voulu recevoir sa pièce, les acteurs d'avoir bien voulu la jouer, et le souffleur d'avoir bien voulu la souffler. Le public, qui veut bien écouter et payer, est le seul qu'on ne se soit jamais avisé de remercier.

LE PREMIER RENDEZ-VOUS

Comédie-vaudeville en un acte.

PERSONNAGES

JOSEPH, étudiant de première année.
OSCAR,
OLIVIER, } vieux étudiants.
GUSTAVE,

AMANDA,
ROSINE, } grisettes.
FRISETTE,
La mère GILET, propriétaire de l'hôtel.

Le théâtre représente une chambre d'étudiant. A droite, une cheminée, une table couverte de bouteilles, de verres, de pots à tabac. Au fond, deux portes; entre elles un secrétaire chargé d'une foule d'objets divers. A gauche, fenêtre et bibliothèque. Sur les murs un râtelier de pipes, et des statues en plâtre.

SCÈNE Ire.

OSCAR, OLIVIER, JOSEPH.

Au lever du rideau, Oscar se promène en fumant une cigarette. Olivier, assis devant la cheminée, les jambes en l'air, fume sa pipe et tient une bouteille vide. Joseph regarde par la fenêtre.

OLIVIER.

Il n'y a donc plus de bière ici ?

OSCAR.

Ah! tu te réveilles enfin!

OLIVIER.

Je suis comme la nature, j'ai horreur du vide.

OSCAR.

Mais tu sais bien que ce n'est plus vrai, mon pauvre ami; par ordre de la science la nature change de lois tous les cent ans.

OLIVIER.

Moi, je suis immuable dans mes principes : la bière et la fumée, voilà le premier et le dernier mot de la vie.

OSCAR (*montrant Joseph*).

Alors adresse-toi au maître de céans.

OLIVIER.

Il est trop occupé!

OSCAR (*à **Joseph***).

Anne! ma sœur Anne! ne vois-tu rien venir?

JOSEPH (*revenant en scène*).

Rien encore.

OSCAR.

Rien que les crinolines qui ondoient sur cet océan de macadam.

JOSEPH.

Hélas!

OLIVIER.

Et la bière ne vient pas non plus?

JOSEPH.

Eh parbleu! appelle la mère Gilet, on dirait que tu te gênes.

OLIVIER. (*Il se lève avec peine, et va ouvrir la porte; on l'entend crier d'une voix caverneuse:*)

Mère Gilet! apporte-nous trois moos.

OSCAR (*à Joseph*).

Et tu dis qu'elle est jolie?

JOSEPH.

Comme un ange!... Un air modeste....

OSCAR.

Je crois bien! une fille qu'on rencontre dans la rue, et qui au premier mot vous accorde un rendez-vous!

OLIVIER.

Ce doit être une rosière, pour le moins !

JOSEPH.

Pourquoi pas ? Il faut bien se rencontrer, se parler une première fois. Si je l'avais vue chez sa mère....

OSCAR.

Elle t'aurait flanqué à la porte.

JOSEPH.

C'est peut-être une garantie contre l'amour que de demeurer chez sa mère !

OSCAR.

Ah ! permets, mon ami : aux yeux de beaucoup de femmes, l'honnêteté consiste à ne pas prendre le premier venu pour amant.

OLIVIER.

Il faut être présenté, comme chez les Anglais.

OSCAR.

Mais quand on se présente soi-même, rue.... Tu m'as dit quelle rue ?

JOSEPH.

Rue des Petites-Écuries.

OLIVIER (*riant*).

Ah! ah! rue des Petites-Écuries!

JOSEPH.

Eh bien! qu'a-t-elle de si drôle cette rue?

OLIVIER.

Elle a des rosières apparemment.

JOSEPH.

Si tu crois qu'elle m'a répondu sans difficulté!

OSCAR.

Il n'aurait manqué que cela!

JOSEPH.

Je lui ai parlé longtemps sans obtenir de réponse.

OLIVIER.

Voulais-tu qu'elle te sautât au cou au premier mot?

OSCAR.

Et sans doute elle t'a raconté son histoire.

JOSEPH.

Elle venait de travailler, elle rentrait chez sa mère.

OSCAR.

Assez! je vais achever si tu veux; je la connais depuis longtemps cette réponse.

OLIVIER.

Enfin, elle t'a promis de venir.

JOSEPH.

Elle me l'a juré sur la tête de son père.

OSCAR.

Mauvaise caution! elle a peut-être juré sur ce qu'elle ne connaît pas.

JOSEPH.

Oh! toi tu serais bien malheureux de ne pas trouver le mauvais côté de chaque chose.

OSCAR.

Je n'invente pas, je me souviens.

JOSEPH.

Tant pis alors!

OSCAR.

Elle va venir, d'accord! mais que vas-tu lui dire?

JOSEPH.

Mais.... je....

OSCAR.

Tu vas te jeter à ses pieds, réciter le verbe aimer jusqu'au bout, si elle te laisse arriver aussi loin.

JOSEPH.

Mais, que veux-tu donc?

OSCAR.

Vous êtes tous les mêmes au début : vous voulez faire de l'amour une tragédie en cinq actes, le plus souvent sans dénoûment ; tandis que c'est un mince vaudeville, et que le dénoûment doit arriver à la première scène.

OLIVIER.

Voilà les vrais principes. Continue, mon ami, tu parles bien.

JOSEPH.

Mais toi, que ferais-tu donc?

OSCAR.

Moi! je commanderais d'abord trois bols de punch; je verrais ensuite.

OLIVIER.

Avec quinze canettes de bière, et du papier à cigarettes.

JOSEPH.

Mais, mon ami, y penses-tu, du punch?

OSCAR.

Oui, du punch! et très-corsé encore. Mais, malheureux, tu ne connais donc pas le premier article du Code de la galanterie : le punch peut se passer d'amour, l'amour ne saurait se passer de punch?

OLIVIER (*gravement*).

Jamais! jamais!

JOSEPH.

Mais il y a de quoi la faire fuir au premier mot.

OSCAR.

Allons donc!...

JOSEPH.

Si tu l'avais vue, tu ne parlerais pas ainsi.

OSCAR.

Pis encore, peut-être !

JOSEPH.

Si tu savais quelle violence j'ai dû lui faire pour prendre son bras, quelle éloquence j'ai déployée pour obtenir ce rendez-vous, tu ne la confondrais pas avec ces femmes que tu vois tous les jours....

OSCAR.

Oui-dà, monsieur, apprenez que ces femmes que je vois tous les jours, sont de très-bonnes filles, qui ne parlent pas de vertu, parce qu'elles en ont oublié jusqu'au nom, mais qui, pour une heure de plaisir, courraient d'un bout de Paris à l'autre.

JOSEPH.

Eh bien ! je suis sûr que....

OSCAR.

Oui ! je le sais; c'est un ange timide qui aime mieux tremper ses pieds dans la boue, que ses ailes dans la coupe du plaisir; elle vient te voir au sortir de confesse, et le punch l'effarouchera s'il n'est pas bon ! Mais je sais quelque chose qui la fera fuir plus vite encore.

JOSEPH.

Qu'est-ce que c'est ?

OSCAR.

L'ennui.

JOSEPH.

Comment l'ennui?...

OSCAR.

C'est-à-dire, le plat que tu lui prépares. Ah! çà, crois-tu qu'elle vienne ici pour le seul plaisir de te contempler? Tu es un Adonis, je le veux bien ; mais elle en trouvera mille aussi beaux que toi, sans se déranger. Si elle vient, c'est que tu es jeune, c'est que tu es étudiant, c'est qu'elle espère s'amuser : sinon, bonsoir !

JOSEPH.

Alors, si tu crois.....

OSCAR.

Je ne crois pas, je suis certain ! Toutes les femmes se ressemblent, jeunes ou belles, vieilles ou laides, elles ont toutes les mêmes goûts, comme elles portent toutes la même robe.

JOSEPH.

On monte... Si c'était elle !

OSCAR.

Non, c'est la mère Gilet, qui arrive fort à propos.

SCÈNE II.

LES MÊMES, LA MÈRE GILET (*apportant des bouteilles*).

OLIVIER.

Salut à la fortune de la France !

OSCAR.

Bonjour, maman Gilet !

LA MÈRE GILET (*brusquement*).

Bonjour ! bonjour !

OLIVIER.

Et le papa Gilet, comment va-t-il? est-il toujours le modèle des époux ?

LA MÈRE GILET.

Laissez donc le père Gilet tranquille; vous doit-il quelque chose ?

OLIVIER.

Hélas ! non ; c'est moi qui lui dois au contraire

OSCAR.

Mon feu est-il allumé? mère Gilet.

LA MÈRE GILET.

Est-ce que je le sais, moi !

OLIVIER.

Mon tailleur est-il venu? Je n'ai point d'habit pour ce soir.

LA MÈRE GILET.

Je n'ai rien vu; vous resterez à travailler, au lieu d'aller courir.

OSCAR.

Dis donc, maman Gilet !

LA MÈRE GILET.

Quoi !

OSCAR.

Réjouis-toi, tu vas danser ce soir.

LA MÈRE GILET.

Danser!... où çà?

OSCAR.

Ici parbleu ! Joseph donne un bal.

OLIVIER.

Il va venir une femme!

OSCAR.

Deux femmes!

OLIVIER.

Trois femmes!

OSCAR.

Tout un régiment de femmes, et c'est toi qui le introduiras.

LA MÈRE GILET.

Ah! bien oui, comptez sur moi! je vais m'installer en bas, et s'il y en a une qui montre son museau, je lui ferai voir la couleur du marteau de la porte.

OLIVIER.

Mère Gilet, vous êtes peu parlementaire!

LA MÈRE GILET.

Je m'en moque pas mal.

OSCAR.

Tu nous as loué tes chambres.....

LA MÈRE GILET.

Mais pas à un tas de péronnelles, qui.....

OLIVIER.

Mère Gilet, tu t'emportes, tu as tort.

LA MÈRE GILET.

Pour qui me prenez-vous? Je suis une honnête femme; je ne souffrirai jamais pareille chose dans ma maison! je vous donnerais plutôt votre congé!

OLIVIER.

Oh! je t'en défie bien; nous te devons trop d'argent.

JOSEPH (*qui est revenu de la fenêtre*).

Mais pourtant, mère Gilet.....

LA MÈRE GILET.

Taisez-vous, gamin! Jusqu'à présent vous étiez tranquille; ce sont ces deux mauvais sujets qui vous dérangent.

OLIVIER.

Mais cependant!...

LA MÈRE GILET (*s'en allant*).

Impossible.

OSCAR.

En te priant bien?

LA MÈRE GILET.

Je n'y puis davantage.

OSCAR.

Alors, c'est dommage.

LA MÈRE GILET (*arrêtée à la porte*).

Pourquoi dommage?

OSCAR.

Moi qui me promettais de boire du punch, que tu fais si bien.

LA MÈRE GILET (*revenant*).

Ah! il fallait donc du punch?

OSCAR.

M'en voilà privé; nous le prendrons au café.

LA MÈRE GILET.

Mais attendez donc.

OLIVIER.

Puisque tu ne peux pas!

LA MÈRE GILET.

Combien en faudrait-il donc?

OSCAR.

Trois ou quatre bols seulement ; mais le punch ne vaut rien sans la présence d'une jolie femme.

LA MÈRE GILET.

Si vous ne faisiez pas tant de bruit !... C'est que tous mes locataires se plaignent.

OSCAR (*à Joseph*).

Pauvre ami ! tu ne la verras pas.

LA MÈRE GILET.

Pour cette fois je fermerai les yeux ; le père Gilet n'en saura rien.

JOSEPH.

Mais elle ne connaît pas ma chambre ?

LA MÈRE GILET.

Je la lui indiquerai.

OSCAR.

Mais l'escalier est bien sombre.

LA MÈRE GILET.

Il sera éclairé.

OLIVIER.

Brave maman Gilet, qui s'expose à être battue pour l'amour de nous.

LA MÈRE GILET.

Vous savez bien que je vous aime, grands vauriens! Vous dites combien de bols?

OSCAR.

Quatre.

LA MÈRE GILET.

Je croyais avoir entendu cinq.

OLIVIER.

Surtout beaucoup de rhum.

LA MÈRE GILET (*s'en allant*).

C'est convenu.

JOSEPH.

Montrez-lui bien la porte, elle serait capable de s'en retourner.

LA MÈRE GILET.

Reposez-vous sur moi.

OSCAR.

D'ailleurs, pas de femme, pas de punch; ainsi ne t'endors pas.

SCÈNE III.

Les MÊMES, moins la mère GILET.

OSCAR.

Nous pouvons être tranquilles ; elle irait la chercher, loin de la mettre à la porte.

JOSEPH.

Et si elle ne venait pas, maintenant !

OLIVIER.

Nous boirions le punch pour nous consoler.

OSCAR (à *Joseph*).

Maintenant tu vas aller chez le pâtissier.

OLIVIER.

Et chez le marchand de tabac.

JOSEPH.

Et vous ?

OLIVIER.

Tu sais bien que ces gens-là nous doivent de l'argent, et n'aiment pas à voir notre figure.

JOSEPH.

Mais je n'ai pas le temps, elle va arriver.

OSCAR.

Tu as encore une heure !

JOSEPH.

Et si elle est en avance ?

OSCAR.

Impossible, mon cher ! une femme est toujours en retard quand elle est attendue.

JOSEPH.

Mais si.....

OSCAR (*le poussant*).

Va donc, tu serais déjà de retour.

JOSEPH (*à la porte*).

Dis-lui bien.....

OSCAR.

Sois tranquille et cours.

JOSEPH (*rentrant*).

Mais surtout...

OSCAR.

Va donc, va donc !

SCÈNE IV.

OSCAR, OLIVIER.

OSCAR.

Pauvre garçon! et dire que nous avons tous passé par là.

OLIVIER.

Parle pour toi.

OSCAR.

Mais toi, comment s'est passé ton premier rendez-vous ?

OLIVIER.

Oh! d'une façon très-paisible : j'ai fumé quatre pipes, avalé douze choppes, et, ne voyant venir personne, je suis allé tranquillement dîner.

OSCAR.

Heureuse indifférence.

OLIVIER.

Dis sagesse et philosophie. Il en est de la maîtresse comme de la pipe : on prend la première par curiosité, la seconde par amour-propre, et la troisième par habitude.

OSCAR.

Tu en es à l'habitude ?

OLIVIER.

Pour la pipe seulement; j'ai renoncé à la maîtresse, c'est un cercle vicieux : si elle ne vous aime pas, elle est insupportable; si elle vous aime, elle est ennuyeuse.

OSCAR.

Et si l'amour est réciproque ?

OLIVIER.

Ce serait plus triste encore ; heureusement le cas ne s'est jamais présenté. Adieu, invalide de l'amour, je monte un instant chez moi.

OSCAR.

Adieu, philosophe sans le vouloir.

SCÈNE V.

OSCAR, puis AMANDA.

OSCAR.

Certainement ce n'est pas la raison qui l'a rendu si calme, et la sagesse n'est pour rien dans son indifférence. (**On entend frapper.**) Entrez !

AMANDA.

Monsieur Joseph Pigeot, s'il vous plaît?

OSCAR.

C'est ici, mad... Comment, c'est toi, ma belle?

AMANDA.

Pardon, monsieur; vous vous trompez!...

OSCAR.

Oh! que non; j'aime trop ces beaux yeux pour ne pas les reconnaître.

AMANDA.

Encore une fois, monsieur...

OSCAR.

Allons, ne sois pas ridicule, nous sommes seuls.

AMANDA.

Bien sûr?...

OSCAR.

Vois plutôt.

AMANDA.

Alors c'est différent. C'est que...

OSCAR.

Oui, je comprends : tu as mis aujourd'hui ton masque de vertu.

AMANDA.

Impertinent!

OSCAR.

Mais tu n'en as pas besoin, tu es encore trop jolie.

AMANDA.

Bien vrai?

OSCAR.

Je te le jure! je me crois encore au temps où nous nous aimions. Mais qu'es-tu devenue depuis deux ans?

AMANDA.

D'abord, mon cher, je suis sage.

OSCAR.

Ce qui veut dire que tu n'as que trois amants?

AMANDA.

Non, monsieur, un seul que j'aime, et à qui je suis si fidèle!...

OSCAR.

Que tu venais le chercher ici!

AMANDA.

Eh bien, mauvaise langue, c'est vous que je venais chercher.

OSCAR.

Moi! Tu es en veine d'éloquence, j'aime mieux que tu me parles de ta vertu.

AMANDA.

Mais laisse-moi donc parler! Hier je suis abordée dans la rue par un petit imbécile.....

OSCAR.

Malepeste! comme tu y vas! Sais-tu que tu parles de mon ami, et que nous sommes ici chez lui.

AMANDA.

Dame! comment veux-tu que je dise? Il se met à me suivre, à me dire que je suis jolie, qu'il m'adore, et une foule d'autres bêtises que je connais depuis si longtemps.

OSCAR.

Oh! oui, depuis longtemps!

AMANDA.

Quoi?

OSCAR.

Rien; continue.

AMANDA.

Enfin il ajoute qu'il est étudiant, qu'il demeure dans ce quartier.

OSCAR.

C'est ce qui t'a fait souvenir de moi. Bien obligé du compliment!

AMANDA.

Oh! je m'en souviens; vois plutôt!

OSCAR.

Comment, tu as encore ma bague! elle n'a jamais été chez ta tante?...

AMANDA (vivement).

Oh! elle n'en vaut pas la peine... c'est-à-dire...

OSCAR.

Ne te rétracte pas, ma fille; la première parole est toujours la plus vraie. Alors tu n'as pas oublié.....

AMANDA.

Nos soupers, nos promenades? oh! non, c'était le bon temps, et souvent je le regrette dans ma splendeur; car j'ai des meubles superbes, il faudra que tu viennes les voir.

OSCAR.

Mais si tu regrettes ce temps-là, il ne tient qu'à toi de le voir revenir.

AMANDA (*embarrassée*).

C'est que... mon amant... il serait trop malheureux si je le quittais....

OSCAR.

Diable! je ne te savais pas l'âme aussi charitable. Alors c'est pour te distraire que tu as écouté la déclaration de mon ami.

AMANDA.

Hélas! pauvres femmes, c'est notre pain quotidien!

OSCAR.

Et votre marotte de vous faire passer pour rosières?

AMANDA.

Dame! il faut bien dire quelque chose; et puis si l'on croyait tout ce que nous disons...

OSCAR.

Enfin, il est amoureux de toi.

AMANDA (*avec joie*).

Vraiment!...

OSCAR.

Et il a failli me pourfendre, parce que j'osais douter de ta vertu!

AMANDA.

Oh! toi, tu parles mal de toutes les femmes.

OSCAR.

Mais je les adore, ce qui fait compensation. Enfin que vas-tu faire ?

AMANDA.

Écouter la fin de sa déclaration par politesse, et...

OSCAR.

Silence, je l'entends.

SCÈNE VI.

Les MÊMES, JOSEPH.

JOSEPH.

Madame, excusez-moi, je vous prie...

AMANDA.

Oh! monsieur!

OSCAR.

Tu es tout excusé, mon ami; madame vient d'arriver, et je lui ai dit que tu t'occupais des préparatifs de notre soirée. (*Bas à Joseph.*) Je vais surveiller le punch. Toi, en avant et courage! (*A Amanda.*) Madame!...

AMANDA.

Monsieur!...

SCÈNE VII.

JOSEPH, AMANDA.

JOSEPH.

Je vous demande pardon, madame, de vous avoir fait attendre.

AMANDA.

Monsieur, je ne le regrette nullement.

JOSEPH.

De vous avoir laissée avec quelqu'un que vous ne connaissiez pas.

AMANDA.

Votre ami m'a de suite mise à l'aise, comme si je le connaissais depuis longtemps.

JOSEPH.

C'est un charmant garçon.

AMANDA.

Je n'ai pas de peine à le croire.

JOSEPH (*cherchant ses mots, et embarrassé jusqu'à la fin de la scène*).

Vous avez froid, peut-être ?

AMANDA.

Oh! non, monsieur. (*A part.*) Ça promet d'être amusant.

JOSEPH.

Que vous êtes aimable d'être venue.

AMANDA.

Je vous l'avais promis, et je tiens toujours parole.

JOSEPH.

De faire une si longue course.....

AMANDA.

En vérité je ne mérite pas tous vos remercîments.

JOSEPH.

Ce ne sera pas la dernière fois ?

AMANDA.

Pourquoi nous revoir, monsieur? Si vous voulez m'épouser, venez demander ma main à ma famille.

JOSEPH.

Mais avant, il faut nous voir.... nous connaître...

AMANDA.

Vous me verrez chez ma mère, elle vous recevra très-bien.

JOSEPH (*après un moment de silence*).

Oh! la jolie bague!

AMANDA.

C'est un cadeau de mon frère. (*Joseph veut lui baiser la main.*) Oh! monsieur! (*A part.*) Est-il bête!

JOSEPH.

(*A part.*) Je ne sais plus que lui dire. (*Haut.*) Vous venez souvent dans ce quartier-ci?...

AMANDA.

Autrefois j'y avais des parents, mais ils sont morts.

JOSEPH.

Aimez-vous le punch, madame?

AMANDA (*timidement et baissant les yeux*).

Oui..... au rhum surtout.....

JOSEPH.

Vous me permettrez de vous présenter à mes amis.

AMANDA.

Mais... monsieur, je ne sais si je dois. (*On frappe.*) Ah ! heureusement on vient à mon secours.

SCÈNE VIII.

Les MÊMES, OLIVIER.

OLIVIER.

Pardon de vous déranger. Je venais te demander ta redingote pour ce soir. Ce diable de tailleur...

JOSEPH.

Prends, mon ami ; tout n'est-il pas commun entre nous ?

OLIVIER.

La mère Gilet a besoin de te parler.

JOSEPH.

J'y cours. Vous permettez, madame ?

AMANDA.

Mais, monsieur, comment donc !...

JOSEPH (*à Olivier*).

Tu vas descendre avec Oscar.

OLIVIER.

Oui, nous arrivons.

(*Joseph s'en va en courant. Olivier traverse lentement le théâtre en regardant la redingote qu'il emporte. Puis il sort.*)

SCÈNE IX.

AMANDA (*seule*).

C'est qu'il n'est pas amusant du tout. Heureusement Oscar va revenir, sans lui je serais déjà partie. (*Elle s'approche de la fenêtre.*) Tiens, Rosine et Frisette qui passent, il faut que j'aille les chercher. (*Elle va pour sortir et se heurte avec Olivier qui rentre.*)

SCÈNE X.

OLIVIER, PUIS JOSEPH.

AMANDA (*sortant, à Olivier*).

Pardon, monsieur, je reviens à l'instant.

OLIVIER.

Faites, madame, faites. C'est qu'elle n'est plus neuve du tout sa redingote : il en parle comme d'une merveille. Enfin, pour une fois, je puis bien la mettre. Ce serait le désobliger de faire autrement.

JOSEPH (*il rentre et cherche des yeux Amanda*).

Eh bien ! où est-elle donc ?

OLIVIER (*lui tournant le dos, assis devant la cheminée*)

Dans ma chambre, parbleu !

JOSEPH.

Comment dans ta chambre ?

OLIVIER.

Eh oui ; ça t'étonne ?

JOSEPH.

Un peu... mais elle n'y est pas allée toute seule dans ta chambre ?

OLIVIER.

En voilà une question ! c'est moi qui l'y ai portée.

JOSEPH.

Ah ! et que fait-elle dans ta chambre ?

OLIVIER.

Elle est sur mon lit.

JOSEPH.

Comment! tu l'as mise sur ton lit?

OLIVIER.

Oui, pour qu'elle soit mieux.

JOSEPH.

Mais.....

OLIVIER.

Sais-tu qu'elle n'est pas aussi neuve que tu voulais bien le dire.

JOSEPH.

Mon ami...

OLIVIER.

Oh! je l'ai bien regardée; elle commence à être pas mal râpée.

JOSEPH.

Encore...

OLIVIER.

Voilà assez longtemps que tu t'en sers.

JOSEPH.

Oh! je te jure...

OLIVIER.

Après tout, ça ne fait rien; je m'en contenterai bien pour une fois.

JOSEPH.

Comment, tu veux...

OLIVIER.

Certainement; je compte m'en servir ce soir même. D'ailleurs j'en aurai un soin extrême, et demain il n'y paraîtra pas.

JOSEPH.

Tu plaisantes...

OLIVIER.

Pas le moins du monde; qu'y vois-tu de si extraordinaire?

JOSEPH.

Comment! ce que j'y vois d'extraordinaire?

OLIVIER.

Eh oui, ça se fait tous les jours.

JOSEPH.

Permets: il se peut que ce soit ton idée, pour moi j'ai d'autres principes.

OLIVIER.

Comme s'il était question de principes là-dedans! Ah! il est charmant.

JOSEPH.

Encore une fois, mon ami...

OLIVIER.

Allons donc, tu veux rire. Ne m'as-tu pas dit tout à l'heure que tout est commun entre nous?

JOSEPH.

Oui, mais pas jusque-là.

OLIVIER.

A charge de revanche, d'ailleurs.

JOSEPH.

Merci bien.

OLIVIER.

Oh! tu fais bien le difficile, mais à l'occasion...

JOSEPH (*exaspéré*).

Eh bien! non; dussé-je me brouiller avec toi, je ne veux pas... Et d'ailleurs je n'ai aucun droit sur elle.

OLIVIER.

Ah! çà, tu es fou! quand même tu ne l'as pas payée, elle t'appartient. Possession vaut titre.

JOSEPH.

Ma foi, Oscar ne parlerait pas mieux!

OLIVIER.

Elle ne vaut certes pas dix francs.

JOSEPH.

Si on peut la traiter ainsi!...

OLIVIER.

Oui, c'est tout au plus si j'en donnerais cent sous. Mais je vais te la chercher, ce n'est pas la peine de se quereller pour une méchante redingote râpée!

JOSEPH.

Mais qui te parle de ma redingote?

OLIVIER.

Toi, animal! voilà une heure que tu m'en fatigues les oreilles.

JOSEPH (*criant*).

Je te parle de ma femme.

OLIVIER.

Il fallait donc le dire! Ta femme, elle est allée je ne sais où; mais tranquillise-toi, elle reviendra: une femme ne se perd jamais, malheureusement, elle s'égare tout au plus, et il y a toujours beaucoup de gens pour la retrouver.

JOSEPH.

Chut! la voici!

OLIVIER.

Je savais bien qu'elle n'était qu'égarée.

SCÈNE XI.

Les MÊMES, AMANDA, ROSINE, FRISETTE, puis OSCAR.

AMANDA.

J'ai aperçu mes amies qui passaient, et j'ai été les chercher; vous me permettez de vous les présenter?

JOSEPH.

Mais avec plaisir.

OLIVIER.

Ces dames sont les bienvenues.

OSCAR (*entrant*).

(*A part.*) Ah! il y a du supplément! (*Haut.*) Je vous annonce le punch qui s'avance en triomphateur.

TOUS.

Bravo! bravo!

(*Olivier et les trois femmes sont près de la cheminée. Oscar et Joseph causent à l'autre bout du théâtre.*)

OSCAR (à *Joseph*).

Eh bien! ton ange a-t-il toujours des ailes?

JOSEPH.

Toujours, mon cher ami; je l'adore et elle est charmante.

OSCAR.

Vraiment!

JOSEPH.

Seulement, elle est un peu farouche.

OSCAR.

Ah!

JOSEPH.

Elle ne m'a pas même permis de lui baiser la main... Ça t'étonne?

OSCAR.

Mais non, mais non.

AMANDA (à *Frisette*).

Tu sais qu'il faut avoir des manières, ici.

FRISETTE.

Ne crains rien; je vais prendre mon air du monde

OLIVIER.

Mesdames, vous offrirai-je une cigarette?

FRISETTE.

Avec plaisir, Monsieur.

AMANDA.

Tiens, te voilà déjà partie!...

FRISETTE.

Ah! ma foi, tant pis! S'il faut s'ennuyer, je n'en suis plus. Je n'aime pas les bégueules.

JOSEPH (à *Oscar*).

N'est-ce pas qu'elle est charmante?

OSCAR.

Oui; mais je dois te prévenir...

JOSEPH.

Oh! je sais ce que tu vas me dire ; tu es pessimiste. Mais maintenant que tu l'as vue...

OSCAR.

C'est justement pour cela que je dois t'avertir...

JOSEPH.

Tu as beau dire, j'ai causé avec elle, et je puis, ce me semble, la juger tout aussi bien que toi !

OSCAR.

D'accord ! Seulement, il est une chose... .

JOSEPH.

Je n'ai pas le temps. Voici le punch et je dois faire mes honneurs...

OSCAR.

Tant pis pour lui, ma foi ! il ne veut pas m'écouter. Ce sera une leçon. Et puis d'ailleurs, chacun pour soi, et..... les femmes pour tous.

SCÈNE XII.

Les MÊMES, la mère GILET (*apportant un large bol de punch*).

TOUS.

Bravo ! vivat le punch !

OLIVIER.

Mère Gilet, tu es magnifique !

LA MÈRE GILET.

Taisez-vous, bavard !

OLIVIER.

Tu as vieilli, comme les vestales, à entretenir le feu sacré; sans cela je t'embrasserais.

LA MÈRE GILET.

Merci, je n'en ai que faire.

OSCAR (*à Joseph*).

Allons, mon cher, à l'œuvre.

ROSINE.

Amanda, une chanson.

TOUS.

Oui ! oui !

AMANDA.

Mais, c'est que..... je.....

ROSINE.

C'est ridicule de se faire prier.

AMANDA.

Allons, va pour une chanson.

FRISETTE.

Attention !

OSCAR (*à part*).

La voilà partie, tout à l'heure ce sera drôle.

(*Tous se rangent pour écouter Amanda. Joseph entretient le punch, auquel Rosine et Frisette vont donner, de temps à autre, un coup d'œil, et même un coup de langue.*)

AMANDA.

> Berthe au gentil corsage
> Brille par ses vingt ans ;
> Elle est jolie, et sage,
> A ce que l'on prétend.
> Attentif à lui plaire,
> On voit maint amoureux ;
> Mais elle passe fière,
> Sans détourner les yeux.
>
> Aimons-nous, ma mignonne,
> Lui dit un jouvenceau :
> Temps que l'amour nous donne,
> Est le temps le plus beau.
> Plus tard on le regrette,
> Mais il fuit sans retour.
> Ah ! lui répondit Berthe,
> Est-ce donc là l'amour ?

Holà! la belle fille,
Dit un étudiant,
Comme votre œil pétille!
Allons souper gaîment.
A boire en gai convive
Employons chaque jour.
Non, dit Berthe pensive,
Ce n'est pas de l'amour.

Quoi! pour être si belle,
Dit un riche banquier,
Un bonnet sans dentelle,
Un simple tablier!
Quand on est si jolie,
Ce n'est trop du velour.
Ah! dit Berthe attendrie,
Cette fois c'est l'amour.

TOUS.

Bravo! bravo! bis!

OSCAR (à *Joseph*).

Ton ange chante bien, mais ce ne sont pas des cantiques.

JOSEPH.

C'est vrai, mais...

ROSINE.

Qu'allons-nous faire maintenant?

AMANDA.

Dansons un quadrille.

FRISETTE.

Les Lanciers.

ROSINE.

C'est cela, avec le grand écart; il n'y a pas de sergents de ville.

TOUTES TROIS.

Oui, oui! un quadrille!

OLIVIER.

Hélas! mes charmantes, il n'y a qu'une légère difficulté : nous n'avons pas de piano!

AMANDA (*vivement*).

Ah! bigre! C'est fichant. Encore du punch alors!

OSCAR (à *Joseph*).

Elle va bien, ta colombe!

FRISETTE.

Si nous faisions des jeux innocents?

ROSINE.

Ou bien des crêpes.

AMANDA.

Ah çà! c'est ennuyeux, on ne sait que faire ici.

ROSINE.

C'est vrai!

AMANDA.

Moi, d'abord, quand j'ai bu du punch, il faut que je m'amuse.

OLIVIER.

Mesure hygiénique!

AMANDA.

Au premier verre, tous mes chagrins s'envolent. Au second, la gaîté commence à venir.

OSCAR.

Gare le troisième!

AMANDA.

Ah! ma foi, au troisième, je jette mon bonnet par-dessus les moulins. Versez-moi le troisième!

JOSEPH.

Arrêtez! vous allez vous rendre malade...

AMANDA.

Malade? allons donc! Le punch et moi, nous

sommes de trop vieilles connaissances; à votre santé, jeune homme !

JOSEPH.

Je n'en puis revenir encore...

OSCAR.

Hein! tu ne te serais jamais douté que les anges pussent aimer le punch à ce point!

SCÈNE XIV.

LES MÊMES, GUSTAVE.

GUSTAVE (*son chapeau est légèrement incliné sur le derrière de sa tête, et on s'aperçoit facilement qu'il n'est pas à jeun*).

Oh! oh! nopces et festins! Ah! on s'amuse, on godaille à la sourdine ici! Salut à la noble compagnie!

TOUS.

Bonjour! bonjour! Tu arrives à propos, comme tu vois.

GUSTAVE.

Mazette! du punch, rien que cela! Vous avez donc hérité, vous autres? Et des dames, encore Mesdames ...

TOUTES.

Monsieur !...

GUSTAVE.

Tiens ! mais je suis en pays de connaissance ici : je te retrouve enfin, ma belle Amanda, depuis trois ans que je suis inconsolable !

JOSEPH.

Comment, tu connais madame ?

GUSTAVE.

Parbleu ! elle aussi me connaît : n'est-ce pas, mignonne ?

AMANDA.

Oui, mon gros loup. Nous sommes de vieux amis.

GUSTAVE.

Hélas ! oui ; nous ne sommes plus qu'amis, après avoir été bien autre chose.

AMANDA.

Menteur !

GUSTAVE.

Oh ! oh ! tout au plus indiscret.

JOSEPH.

Mais.....

GUSTAVE.

Ah çà! mais qu'avez-vous tous? Je vous fais l'effet d'un mémoire de tailleur. (*Déclamant.*) Quel est donc ce mystère?

JOSEPH.

Non, c'est que...

AMANDA.

Je vais te le dire : j'ai du courage à mon quatrième verre de punch. Imagine-toi que depuis hier, monsieur, qui est très-galant homme du reste, et qui a du punch excellent, s'obstine à me prendre pour une rosière.

GUSTAVE.

Et tu as supporté une pareille impertinence!

AMANDA.

Que veux-tu, je suis si bonne! Mais je suis au bout de mes forces, et je renonce à mon rôle. (*A Joseph.*) Mon ami, sans rancune ; une autre fois défiez-vous des paroles d'une femme.

ROSINE.

Surtout de ses protestations d'amour.

OSCAR.

Mon cher, c'est une leçon que tu viens de recevoir.

FRISETTE.

Et elle ne vous a pas coûté cher, vous pouvez vous en vanter !

OSCAR.

Tu vois que mon système est excellent ; le punch est la pierre de touche de la vertu.

AMANDA.

Si nous allions souper !

TOUS.

Oui ! oui !

AMANDA (à *Joseph*).

Nous boirons du champagne à notre amour ; il n'a pas duré longtemps, mais le plus court est le meilleur.

XVII

Crise commerciale. — Philosophie forcée. — Le péché originel. — Du rôle de la bière dans les discussions philosophiques. — Des figures de rhétorique. — Du bâton dans l'amour. — Poëte et séducteur. — Au café. — Cretaine. — La Rôtisseuse. — Nuit au violon.

Les affaires ne vont pas, comme disent les boutiquiers, c'est-à-dire l'argent manque. Ah! voilà le grand mal, le seul sans remède! Les bals masqués du carnaval, les soirées de jeu du carême ont passé sur notre bourse comme un souffle desséchant, et aucune source vivifiante n'est venue la remplir.

Notre *tante* elle-même, cette parente ingrate, enrichie de nos dépouilles, nous repousse et nous méconnaît : elle m'a refusé cent francs en échange de ma vieille pipe, chef-d'œuvre de culottage, trésor sans prix pour un vrai connaisseur. Notre vocabulaire renferme une expression très-pittoresque et très-imagée, pour peindre notre déplorable situation : *être en panne*. Abandonnés par le vent de la fortune, nous ne pouvons continuer notre course à la recherche du plaisir et de l'imprévu; aussi nous restons chez nous à philosopher. Qu'a-t-on de mieux à faire, quand on n'a pas d'argent? La génération spontanée, le magnétisme animal, le pouvoir temporel, sont tour à tour justiciables de notre aréopage, qui, gravement installé devant un pot à tabac au large ventre, discute, sans pédanterie et sans prétention, *de omni re scibili*, et plus encore de toutes celles qu'on ne saura jamais.

Hier, je ne sais comment on a parlé du péché originel : naturellement l'opposition (où n'y en a-t-il pas?) s'est mise à le nier de parti pris; mais la perspective d'un long examen l'a bientôt forcée à se rétracter. Comme pour elle le travail est un mal, elle se voit contrainte d'admettre ce dogme historique qui le justifie. Quelques-uns ont voulu rappeler l'opinion qui fait du travail un bonheur, une volupté : une désapprobation unanime les a foudroyés.

— Qui a inventé un semblable paradoxe? s'est écrié un de nos plus fougueux orateurs : quelque philosophe cacochyme accroupi au coin de son feu! Mais à vingt ans, réduit, faute d'argent, à feuilleter le Code quand le printemps émaille les jardins de fleurs, les rues de robes blanches et roses, il n'eût pas, à coup sûr, prononcé ce blasphème!

Et l'orateur avala un grand verre de bière en écoutant les applaudissements soulevés par ses paroles. Une chose étonnante, c'est la quantité de bière qui se boit au milieu d'une discussion philosophique ; quelques-uns prétendent que les Allemands doivent à ce liquide leur supériorité en ce genre : à ce compte, certains de nous sont de bien grands philosophes!

Voilà notre manière de tromper les heures, durant ces jours de calme plat. Nos maîtresses, il n'en faut point parler, elles ont fui, les ingrates! elles n'aiment pas la philosophie et détestent la solitude ; hirondelles qui cherchent toujours un ciel serein, dont le soleil est d'or. Toutefois, l'un de nous est plus heureux, il vient de recevoir un lettre qui est un petit chef-d'œuvre, et dont je t'envoie la copie textuelle :

« Monsieur,

« Mon amie m'a dit que vous vous f..... de moi.
« Eh bien ! moi aussi, je me f... de vous..... Mais
« non, je t'aime et je t'attends ce soir.

« *Signé :* ANGÉLINA. »

A la suite de cette lecture, une grande discussion s'est élevée sur les figures de rhétorique en général et l'éloquence du cœur en particulier, d'après le fameux précepte de Quintilien :

Pectus est quod disertos facit.

L'heureux possesseur de la lettre a terminé le débat, en déclarant que la correction était la figure de rhétorique la mieux connue de sa maîtresse. De là, nouvelle discussion plus vive, plus acharnée, sur le rôle du bâton dans l'amour. Cette seule idée a révolté tous nos sentiments chevaleresques; mais en présence de tant de faits incontestables, tant d'exemples avérés, il a bien fallu en chercher la cause. Enfin on a cru la trouver dans cette vanité insatiable de la femme, qui souffre mieux l'injure que l'oubli, et préfère les coups à l'indifférence.

Une autre question se levait, grosse de paradoxes,

et nous nous croyions condamnés à tourner éternellement dans le cercle sans issue des discussions philosophiques, sort qu'assurément nous n'avons pas mérité, quand le ciel nous regarda d'un œil plus clément : un de nos amis entra avec sa maîtresse, faisant par sa présence une diversion heureuse à nos graves occupations.

Ce nouvel arrivant est un curieux original. Je ne sais comment la nature a pu réunir tant de bonnes qualités et tant de ridicules. Il ne tiendrait qu'à lui d'être le meilleur compagnon, l'ami le plus fidèle, le conseiller le plus discret ; mais, dédaignant un rôle si facile, il a ambitionné d'être poëte et séducteur, facultés que le ciel lui a expressément déniées. Il fait des vers pour ses maîtresses, et des maîtresses par ses vers ; semblable à Orphée apprivoisant les bêtes féroces aux accords de sa lyre. Mais, hélas ! toutes celles qui s'attachent à son char datent de ces temps reculés. Son suprême bonheur est de montrer sa poésie et ses conquêtes, et les deux se valent. Nous étions trop à court de distractions pour ne pas le voir arriver avec plaisir.

En effet, il se mit bientôt à entonner d'une voix triomphante sa dernière ode à l'Amour, maître du monde aussi bien que de son cœur. Sa douce compagne, la tête inclinée sur son épaule, écoutait en extase ces chants qui l'avaient séduite ; et quand, aux derniers vers, leurs yeux, pleins de molles langueurs, se regardèrent avec amour, une flamme de bengale manqua seule pour faire de ce délicieux tableau l'apothéose de Psyché.

Nous avons profité de l'émotion générale pour échapper au second acte en levant la séance. Nous sommes allés au café, qui nous est, dans ce moment, d'une grande ressource, et qui tient une large place dans notre vie. Pour nous, ce n'est pas un lieu public, où l'on vient dépenser quelques heures inutiles : c'est un club, un second domicile, plus agréable et plus fréquenté que l'autre, où l'on peut être aussi bien poursuivi par sa maîtresse que par ses créanciers. On ne demandera jamais : où demeurez-vous? mais bien : à quel café allez-vous? En un mot, c'est le complément de l'étudiant. Dans les jours de réjouissance il s'anime de notre gaîté ; c'est un asile pour les heures de lassitude et d'ennui, un refuge contre les coups de la fortune; et quelque jour, désabusés, comme Salomon, des plaisirs et de l'amour, nous y viendrons, philosophes paisibles, disserter sur la vanité des choses humaines.

Le soir nous passons mélancoliquement devant la Rôtisseuse, regardant comme le renard de la fable ses fenêtres joyeusement éclairées. Nous nous contentons d'aller chez Cretaine. Cretaine est une réputation indigène, arrivée chez nous à une grande popularité. J'ai toujours rêvé les pères de famille lui décernant une couronne civique. Chez lui, point d'orgie, de crédit moins encore, mais de modestes petits pains, avec un lait plus modeste encore, malgré ses prétentions à imiter le véritable. Chaque soir, une foule empressée assiége sa porte : les bourses légères, les galants économes, les ménages paisibles y trouvent un facile plaisir.

Vivant dans une atmosphère aussi savante, Cretaine n'a pu y demeurer étranger. La littérature lui est familière, et le nombre des consommateurs sortant de l'Odéon est pour lui un thermomètre infaillible du mérite de ses drames. Il connaît l'histoire, et quand on lui reproche l'exiguïté de sa boutique : Plût à Dieu, répond-il comme Socrate, qu'elle fût toujours pleine de vrais consommateurs ! Et, toujours calme, serein, du haut de son comptoir, il contemple avec orgueil ces générations d'étudiants qui s'écoulent, se succédant devant ses yeux, tandis que lui seul demeure immuable pour recevoir le tribut de leur admiration.

Je me dirigeais hier soir vers ce paisible établissement, quand je me suis vu arrêté par un mien ami en joyeuse humeur. La cause de sa gaîté était un examen où il avait échoué le matin même, vaincu par le droit romain, qui a pris une place si importante dans notre École, depuis que quelques-uns de nos professeurs l'ont étudié dans de gros livres allemands. Il prenait facilement son parti de sa défaite, ne regrettant que son argent tombé aux mains de l'ennemi. Il m'a entraîné chez la Rôtisseuse, où il est entré la tête plus haute que Varron revenant de la bataille de Cannes.

La Rôtisseuse est notre Maison d'or : ce n'est pas beaucoup dire. La gourmandise n'y mit jamais les pieds ; mais les rires sont aussi francs que les vins le sont peu, et la gaîté seule nous grise à cet âge heureux de Chérubin, où toute robe est une femme, tout bouchon qui saute un champagne délicieux. 'est elle, je crois, qui nous avait fait perdre le sentiment de la réalité, à laquelle un sergent de ville nous a brusquement ramenés, en nous conduisant au violon, je ne me souviens plus à quel propos. Là nous avons passé quelques heures dans un trou obscur et loin de toute société, même de celle du caporal et de ses quatre hommes. Mais quand l'aurore aux doigts de rose ouvrit les portes de l'Orient, et que les épiciers, les marchands de tabac l'eurent imitée, le caporal nous rappela auprès de lui, et consentit même à nous envoyer chercher des provisions de toute espèce, auxquelles il fit honneur amplement. Au premier verre de cognac, ses yeux roulèrent moins durs dans leur orbite, au second il arriva à l'attendrissement : il nous raconta en buvant le troisième comment, favorisé d'un rendez-vous, il avait conduit le mari au poste, pour voir la femme plus librement ; enfin, au quatrième, son émotion ne connut plus de bornes : il nous embrassa avec larmes, nous déclarant plus innocents que l'agneau qui vient de naître, et nous mit en liberté, en nous promettant sa voix pour le prix Monthyon. Une voiture découverte passait au même instant, elle nous a conduits au bois de Boulogne où nous avons oublié notre mésaventure.

XVIII

Pourquoi l'on prend une maîtresse. — A quoi sert l'argent. — Une épître amoureuse. — Quiproquo du hasard. — Les caprices. — Au quartier Bréda. — Le moyen de parvenir. — Un original sans copie.

Un de mes amis est entré chez moi, l'autre jour, avec un air piteux.

— Qu'as-tu donc ? tu ressembles au renard de la fable.

— Ah ! je suis furieux ! je viens de chez ma maîtresse, et je n'ai trouvé que son amant !

— Son amant ?

— Un charmant garçon, du reste; il a été très-poli, et m'a prié de repasser une autre fois.

— L'amant de ta maîtresse! mais que me chantes-tu là?

— Eh! oui, ma maîtresse du quartier Bréda. Tu es en retard, de n'en pas avoir. Nous ne pouvons user notre jeunesse avec les pensionnaires de la Rôtisseuse; ces pauvres filles ont beau s'enfler comme la grenouille, jamais elles ne rivaliseront avec les élégantes d'outre-Seine!

— Mais je n'en connais aucune!

— Oh! qu'à cela ne tienne! rien de si facile. L'autre jour, j'ai vu chez ma maîtresse le nom de deux de ses compagnes, on les dit jolies; nous allons leur écrire.

— Mais sans doute elles ont leur amant?

— Qu'importe! mon cher; c'est moins une maîtresse qu'une jolie robe qu'on promène à son bras. Tu ne peux pas t'en dispenser. Regarde autour de toi, tous tes amis en ont et rougiraient de se montrer avec d'autres: le règne des grisettes est passé!

Il faut te dire que mon ami est un drôle de garçon, et qui a des idées très-originales. Ainsi, à l'en croire, l'argent n'est pas fait pour s'en servir, mais pour montrer qu'on est riche, et aucun plaisir n'existe pour lui, s'il n'a de nombreux témoins. Une promenade ne lui sourit qu'en calèche découverte au bois de Boulogne; et Vénus en personne pourrait passer auprès de lui sans qu'il daignât la regarder, si elle n'a une robe de soie. Sa maîtresse a pu être jeune autrefois, en revanche elle n'a jamais été jolie, mais sa toilette est si élégante, que chacun se retourne pour la voir. En faut-il plus pour la faire aimer?

Aussitôt dit que fait. Nous voilà composant deux lettres où l'extravagance du sentiment ne le disputait qu'à l'hyperbole de l'admiration. J'allais fermer la mienne, quand il me retint le bras :

— Arrêtes, malheureux! tu oublies le plus important!

— N'avons-nous pas tout dit ? que nous les aimons à la folie!

— Que leur importe!

— Qu'elles sont plus belles que le jour.

— Elles le savent bien.

— Mais alors quel est donc ce mot magique d'un effet si puissant?

— Une invitation à dîner. C'est peut-être la seule chose qu'elles liront, aussi mettons-le en post-scriptum. Et maintenant, pour nous distraire, allons aux Folies-Nouvelles voir jouer une tragédie avec accompagnement de trombone.

Et nous voilà partis, laissant à la poste le soin de lancer les flèches de l'amour.

C'est un fort joli théâtre que celui des Folies-Nouvelles, où l'on trouve beaucoup de sucres de pomme et quelques jolies femmes. Le hasard nous en avait justement donné deux pour voisines. Certes il n'aurait tenu qu'à nous de ne pas leur dire que nous les trouvions charmantes ; mais dans cette occasion, comme dans bien d'autres, la vérité était un devoir imposé par la galanterie. Nos regards, nos paroles ont commencé à le murmurer timidement; des sucres de pomme, des bouquets ont parlé avec plus d'éloquence; et à la fin d'un joyeux souper, elles en étaient entièrement convaincues. Aussi nous nous sommes séparés les plus intimes amis du monde, nous promettant bien de nous revoir souvent, et nous sommes allés chacun de notre côté : elles, soi-disant dans leur famille ; nous, attendre le résultat de nos déclarations incendiaires.

A l'heure dite, en effet, nos invitées ont paru rayonnantes de beauté et de toilette. Mais, ô surprise! c'étaient nos voisines de la veille, à qui nous avions écrit sans les connaître. Nous avons ri beaucoup de cette rencontre imprévue : nous y avons vu un arrêt du destin, et le dîner a été aussi gai que le souper de la veille. Seulement le hasard avait fait un autre quiproquo. Nos déclarations écrites n'étaient pas à la même adresse que nos déclarations de vive voix, mais nous avons glissé sur cet incident et nous nous en sommes tenus au fait accompli.

De sorte, mon cher ami, que j'ai pour maîtresse une femme qui a déjà un amant pour le moins. Au premier abord la chose peut paraître singulière; mais, que veux-tu? c'est l'usage : personne ici ne s'avise de le trouver mauvais. Bien plus, certains philosophes pratiques (qu'est-ce que la philosophie n'a pas expliqué?) trouvent cette méthode préférable : comme on est toujours sûr, disent-ils, d'être trompé par sa maîtresse, de cette façon on ne l'est que sur la quantité, ce qui est déjà quelque chose. Il ne faut pas être exigeant et demander l'impossible, en voulant ne pas l'être du tout. » On appelle cela être amant de cœur, je ne sais pourquoi en vérité : le caprice et la vanité y jouent seuls un rôle. Ce n'est pas une sinécure d'ailleurs. Loin de là. Un grand philosophe a dit : Rien n'est si cher qu'une maîtresse qui ne coûte rien. Je vois chaque jour la vérité de cet axiome : les gants, les voitures, les spectacles, en un mot toute la menue monnaie de l'amour est de la partie. Et les caprices donc! Chaque minute en voit naître un nouveau, un caprice pour la robe de soie, un caprice pour le chapeau à plumes! Tu l'as voulu, Georges Dandin!

Le quartier Bréda est la patrie de ces oiseaux voyageurs qui viennent, dans un jour d'ennui, promener leur luxe parmi nous. C'est un singulier contraste que de voir ces grandes et belles rues tristes, désertes, sillonnées de temps à autre par une toilette élégante ou une magnifique voiture; mais rien ne peut leur donner la vie, elles semblent mortes. Pourtant le nombre des habitantes s'accroît de jour en jour; et si les statistiques ne mentent pas, il doit arriver une époque, très-rapprochée, du reste, où, les rôles étant intervertis, c'est nous qui serons obligés d'avoir plusieurs maîtresses. Que les dieux écartent de nous ce présage!

Je ne sais pourquoi de mauvaises langues ont prétendu que la plupart sont des filles de concierge, cherchant en vain à dissimuler leur première origine sous le couvert de la soie et du velours. Moi, je les tiens pour des personnes fort instruites, en histoire surtout. Pourraient-elles ignorer celle de l'antiquité, quand elles ont adopté la manière de vivre de ces satrapes de Perse, qui voyaient plusieurs provinces affectées à leur entretien? Seulement, comme avant tout elles sont de leur siècle, elles se donnent parfois le luxe d'une petite annexion. L'histoire romaine leur est aussi très-familière, et Titus est leur prince de prédilection : comme lui elles trouvent perdues les journées où elles n'ont fait le bonheur de personne !

L'autre jour j'ai rencontré Adeline : elle est devenue grande dame, et elle est à la mode dans ce riche quartier. Oui, ma grisette d'autrefois, si folle, si rieuse, marche aujourd'hui fière et réservée: chacun s'empresse de lui faire la cour, et n'est pas admis qui veut à l'honneur de dénouer les cordons de ses bottines : quelques mètres de velours ont suffi pour opérer cette métamorphose. Toutefois, dès qu'elle m'a aperçu, elle s'est suspendue à mon bras aussi familièrement que jadis; elle m'a entraîné chez elle, un peu pour me voir, beaucoup pour me rendre témoin de sa nouvelle splendeur. Avec une joie d'enfant, elle a étalé son luxe à mes yeux ; et comme je lui demandais quelle fée bienfaisante l'avait ainsi déguisée en princesse :

— Une femme se fait ce qu'elle veut, m'a-t-elle répondu ; d'elle seule dépend de corriger la fortune. Je suis devenue aussi altière, aussi impérieuse que j'étais autrefois simple et facile : voilà tout le secret de mon succès. Quand j'étais jeune et jolie, personne ne faisait attention à moi dans ma simple robe d'ouvrière; maintenant, je ne suis pas encore trop laide, il est vrai, mais j'ai une riche toilette, et tous les hommages se pressent sous mes pas.

Et en pensant à nos amours passés, elle me donnait quelques-uns de ces baisers dont elle est devenue si avare. Certes, jamais elle ne fut plus désirable ; l'âge a donné à sa beauté tout l'éclat de la maturité, le luxe l'a revêtue de son prestige invincible, mais je préfère encore la simple grisette qui, par un soir d'hiver, m'a révélé l'amour.

Je m'en revenais tout rêveur, quand je me suis senti frapper sur l'épaule :

— Eh bien ! papillon toujours volage ! me dit une voix bien connue.

— Hélas ! non, je sens tomber mes ailes.

— Tant mieux ! c'est la sagesse qui arrive ; vous la trouverez plus facile et plus agréable que vous ne le croyez.

Celui qui me parlait ainsi est un de mes amis pour qui j'ai le plus d'affection et de déférence. C'est un vrai modèle de sagesse : il fait plus que de pratiquer la vertu, il sait la rendre aimable. Orgueilleux pharisien, il n'a point écrit sur son chapeau : « C'est moi qui suis le seul sage, et je me sépare de votre foule damnable et corrompue. » Il se trouvera dans la société la plus légère sans embarras, sans se croire obligé de rougir ou de montrer une réprobation envieuse pour des plaisirs qu'il n'a pas le courage de partager. Et pourtant ce ne sont point des motifs mesquins ou misérables qui l'en écartent, mais bien son énergie et sa conscience, en lutte continuelle avec ses désirs. Il est doux, modeste, pieux et charitable, sans que personne s'en doute; lui-même paraît l'ignorer, et ses amis trouvent chez lui plus d'indulgence pour leurs erreurs qu'ils n'en rencontrent même entre eux.

Je l'ai quitté plein d'admiration de voir, dans un jeune homme, cette indulgente bonté que l'âge et l'expérience ont refusée à tant de vieillards.

XIX

La grisette est un mythe. — Opinion de Lafontaine. — Le calicot et l'Auvergnat.— Histoire d'une descente de Pénélope par les femmes. — Ce que Molière dit de la fidélité. — L'adversité rend l'homme meilleur.

J'avais pourtant bien juré de ne plus être amoureux ! mais le moyen de tenir un pareil serment ? Et puis elle était si jolie ! sa bouche et ses yeux semblaient promettre... tout ce qu'ils ont tenu, hélas ! Mais au lieu de te faire son portrait, je vais te raconter mon histoire.

Donc c'était une ouvrière. Ne lis pas grisette, s'il

te plaît : la grisette est un mythe. En vain j'ai cherché les traces de son existence, soins inutiles ! J'ai interrogé les don Juan des temps passés, les Lovelace contemporains, aucun n'a vu cet âge d'or de l'amour. Ce n'est pas que les ouvrières n'aient plus d'amant : loin de là, deux plutôt qu'un ; où qu'elles soient laides : jamais on ne les vit plus vives, plus sémillantes ! mais elles préfèrent une robe de soie à un cœur brûlant d'amour, une bouteille de champagne à la déclaration la plus tendre. Gratis est mort, disait déjà La Fontaine : comme nous voilà reportés en arrière !

C'est par contrebande seulement que nous pénétrons dans ce monde des ouvrières, où le calicot règne despotiquement. Le calicot est comme l'Auvergnat : ce n'est pas un homme, c'est un calicot, être *sui generis*. Jadis une inimitié profonde a régné entre lui et l'étudiant. La querelle des Guelfes et des Gibelins était un jeu d'enfant auprès de cette lutte acharnée. Mais de son souffle bienfaisant la civilisation a éteint ces haines farouches. Toutefois il a conservé toutes ses prétentions ; et bien il a fait de les garder, c'est la seule chose qu'on ne puisse lui contester. Mais je passe, et ne veux pas tracer son portrait ; je craindrais de l'entendre dire comme le lion : « Ah ! si les animaux savaient peindre ! »

Inutile de te dire comment j'ai été présenté à mademoiselle Lucrèce P..., fleuriste et jolie fille. J'ai dû lui faire la cour un temps raisonnable, comme l'exige toute femme bien élevée avant de prendre un amant. Je te vois déjà envier mon sort : une maîtresse sage et laborieuse avec cette devise : Amour et fidélité, n'est-ce pas le rêve de tout jeune homme à vingt ans? Ah! mon ami, plus encore que son inconstance, redoute la fidélité d'une maîtresse! c'est une arme terrible entre ses mains, une excuse à tous ses caprices, un prétexte à toutes ses volontés. Si tu savais les exigences qu'il me fallait subir chaque jour, les bizarreries auxquelles je devais me prêter! Et si par malheur un léger murmure trahissait mon impatience, si mon visage n'exprimait pas l'allégresse la plus entière, le contentement le plus parfait, alors cette terrible phrase, suspendue sur ma tête comme l'épée de Damoclès, me forçait immédiatement à rentrer dans le devoir :

— Ah! vous êtes trop heureux d'avoir une maîtresse fidèle ! vous ne la méritez pas !

J'aurais volontiers répondu comme Sosie :

> Mon Dieu! tu n'es que trop honnête,
> Ce grand honneur ne me vaut rien :
> Ne sois pas si femme de bien,
> Et me romps un peu moins la tête.

Mais je prenais mon bonheur en patience, priant tout bas le ciel de ne pas le rendre éternel. Hélas depuis longtemps j'étais exaucé sans le savoir. L'autre jour, j'ai fait la connaissance d'un étudiant en médecine ; naturellement nous avons parlé de nos amours. Je lui ai raconté mon bonheur si lourd à porter. Pour lui, il a entamé un dithyrambe en l'honneur de sa maîtresse, également ouvrière, et qui s'échappe souvent de son magasin pour venir le trouver : dans l'excès de son ravissement, il m'a emmené dîner avec lui pour être témoin de sa félicité. En entrant dans sa chambre, j'ai aperçu ma fidèle Lucrèce tranquillement assise au coin du feu : sa figure avait plus que jamais cette expression d'innocence et de naïveté qui est son plus grand charme.

— Tiens, vous vous connaissez donc ! s'est écrié mon nouvel ami en voyant mon embarras.

— Je ne sais si monsieur me connaît, mais je ne le connais nullement, s'est-elle empressée de répondre ; et elle m'a salué avec une aisance parfaite.

Son assurance m'avait coupé la parole, aussi me contentai-je de balbutier quelques mots.

Le commencement du dîner fut froid, mais bientôt le comique de la situation l'emporta.

— Si votre amant vous savait ici, disait mon ami à sa compagne.

-- Je parierais bien qu'il s'en doute! répondait la moqueuse fille.

— Mon ami est bien malheureux, continuait-il en me montrant; c'est une victime résignée de l'amour et de la fidélité de sa maîtresse.

— Oh! je ne crois pas monsieur tant à plaindre! Et un sourire malin se jouait sur ses lèvres.

Le repas s'acheva très gaîment, au milieu des allusions et des sous-entendus qui revenaient sans cesse dans le cours de la conversation.

Nous nous sommes quittés les meilleurs amis du monde, et par une chaleureuse poignée de main j'ai félicité mon ami de son bonheur. Je ne sais si c'est un effet de mon imagination, mais tous les couples que j'ai rencontrés en m'en allant me paraissaient avoir un air étrange, et j'ai cru voir un démon railleur voltiger autour de leur tête. En rentrant chez moi j'ai ouvert un livre de droit. Chose étrange, je l'ai lu avec plaisir. Serait-il donc vrai que l'adversité change le cœur de l'homme?

XX

Train de plaisir à travers le quartier latin. — Un rêve d'or. — Les âmes des morts aux Champs Elysées.— Une table d'hôte modèle. — La Closerie des Lilas. — La théologie et les danseuses. — L'amour et Psyché. — M. Veuillot. — La Rôtisseuse. — L'âne et les trois larrons. — Vingt-quatre heures de plaisir.

L'autre jour, ton cousin est brusquement tombé chez moi à sept heures du matin.

— A qui en as-tu ? lui criai-je sans sortir le nez de mon oreiller ; il n'y a que le mal de dents pour réveiller les gens si matin. Voilà une pipe, des livres et une bouteille de rhum ; occupe-toi jusqu'à ce qu'il fasse jour dans notre hémisphère.

Et j'ai continué mon rêve, qui, certes, en valait bien la peine. Je me voyais triomphant à mes examens et à ma thèse; la Faculté réunie me décernait le grand prix d'honneur; le doyen frottait son auguste visage contre le mien; les professeurs agitaient leur respectable chef pour me féliciter; l'appariteur essuyait une larme en tendant la main; et moi, je m'en allais tout heureux d'avoir obtenu en dormant ce que tant d'autres ne peuvent atteindre au prix de veilles sans nombre. J'en étais là, quand, selon sa coutume, le garçon d'hôtel est venu me réveiller en m'apportant ma correspondance : elle se bornait à la lettre d'un fournisseur qui me présentait ses respects et sa note. Chose singulière! il avait besoin d'argent depuis que j'avais cessé de me servir chez lui. Je mis le papier au rebut et je m'habillai. Ton cousin avait l'air très-familiarisé avec ses nouvelles occupations; son teint animé avait je ne sais quoi d'égrillard, et son chapeau renversé en arrière était incliné sur l'oreille de deux degrés, pour le moins. Il était midi, nous sommes allés déjeuner.

A cette heure, notre quartier commence à s'animer, à devenir vivant; les cafés, les restaurants se remplissent. Il y a bien, il est vrai, des habitants plus matinals, mais le bon ton, le grand genre ne permet pas de se montrer plus tôt dans les rues, qui sont alors brillantes et parées pour nous recevoir. En sortant du café j'ai offert à ton cousin de lui faire parcourir notre quartier, de lui montrer notre vie en raccourci, ce qu'il a accepté avec plaisir. Il a paru peu soucieux de visiter l'Ecole et le cabinet de lecture ; mais en revanche il voulait entrer dans toutes les succursales de la mère Moreau : il y a bientôt renoncé, voyant qu'il fallait s'arrêter à chaque pas. L'aspect de nos rues, à la fois bruyantes et tranquilles, lui a plu beaucoup ; il regardait avec envie ce peuple de flâneurs, occupés à se promener paisiblement, à fumer à leur fenêtre, sans autres soucis que de sourire aux jolis visages qui passent.

— Voilà des sages qui entendent la vie! s'est-il écrié avec enthousiasme.

Chemin faisant nous avons traversé le Luxembourg : il était rempli de promeneurs, quelques-uns avaient des livres, mais sous le bras seulement, et s'occupaient bien plus de leurs voisines que de la science. Tout autour de la terrasse on voit les reines et les héroïnes de la France : une sage précaution a fait graver au bas de chaque statue le nom de celle que l'artiste a voulu représenter ; et malgré cela, le public s'y trompe encore quelquefois. O scandale ! la pucelle d'Orléans prêtait son ombre à une déclaration d'amour ! Nous avons passé rapidement, et nous sommes arrivés à la Closerie des Lilas, presqu'aussi fréquentée le jour que la nuit. Le soir c'est un bal ; mais dans le jour c'est une promenade champêtre, presqu'une idylle, sauf qu'on y boit de l'absinthe en guise de lait. La société était nombreuse, tous les bosquets étaient pleins. De tous côtés on voyait les femmes sauter, courir, crier même, de la façon la plus enfantine et la plus naïve que possible, en un mot ne pas perdre une seule occasion de se faire remarquer.

Tout à coup un grand bruit éclata au sein de cette foule occupée à des jeux paisibles comme les âmes des morts dans les Champs-Elysées. Deux rivaux se battaient ; les coups de poing, les coups de pied allaient leur train, et le public, rangé en cercle, était juge des coups. Alors arriva le maître de l'établissement, qui tint ce langage aux combattants :

— Messieurs, battez-vous si vous le voulez, je m'en soucie peu, mais ailleurs qu'ici ; vous nuiriez à mon établissement.

Quelques-uns trouvèrent son allocution peu philanthropique, mais le directeur d'un bal n'est pas forcé d'être philosophe.

A notre retour la musique était installée au Luxembourg. Il y avait grande foule : quelques-uns étaient venus pour l'écouter, et beaucoup pour se montrer. Nous sommes ensuite allés dîner à ma table d'hôte : c'était fête, on a bu toutes sortes de vins. Ton cousin trouve que nous sommes traités comme des princes, et qu'il faut aller au pays de Cocagne pour trouver une semblable pension à soixante francs par mois. Je ne lui ai pas dit, il est vrai, que les accessoires se montent à cent cinquante.

La nuit était venue, et une foule joyeuse nous montrait le chemin du bal. Dès qu'il a entendu les lointains accords de l'orchestre, son cœur a battu avec violence, et il m'a entraîné avec une impatience fébrile.

Il n'a pas paru enthousiasmé au premier aspect.

— Ce n'est que ça ! m'a-t-il dit avec une moue dédaigneuse.

Mais les lumières, les fleurs, la musique lui ont bien vite monté au cerveau : un moment après il se croyait dans une île enchantée. L'assemblée était brillante, et notre quartier au complet : même un certain nombre d'élégantes d'outre-Seine étaient venues promener leur luxe, se gardant bien de danser toutefois, de crainte de se voir confondues avec les grisettes et les étudiantes, qui ont encore le mauvais goût de s'amuser.

Une galerie nombreuse entourait l'enceinte de la danse : c'étaient les flâneurs, les curieux, les complaisants chargés d'un châle et d'un chapeau, les amants jaloux suivant d'un œil inquiet leur maîtresse emportée par le tourbillon de la valse et, à leur gré, serrée de trop près par d'indiscrets danseurs. En circulant le long des groupes, nous reçûmes une bousculade énorme : c'était le salut amical d'une femme qui dansait avec son amant ; un instant après ramenée auprès de nous par les exigences du quadrille :

— A demain, j'irai vous voir ! me cria-t-elle vivement; et, se retournant avec prestesse, fit la plus gracieuse révérence à son amant, qui lui sourit avec amour.

A cet instant un grand bruit se fit entendre, tout le monde se portait du même côté. Mais l'orchestre préluda, et la foule inconstante, revenant à la danse, abandonna ce qui l'avait un moment mise en émoi. C'était une danseuse expulsée pour avoir levé la jambe un peu trop haut dans une figure de fantaisie.

— Eh ! quoi ! s'écria ton cousin, on la met à la porte pour une semblable peccadille ! Mais hier j'ai vu à l'Opéra cinquante femmes demi-nues lever la jambe, aux applaudissements de toute la salle, et personne ne l'a trouvé mauvais. Explique-moi une semblable contradiction !

— Mon ami, c'est un mystère, comme disent les théologiens.

Exc té par cette gaîté folle et entraînante, il voulut y prendre part, et alla justement s'adresser à une danseuse qui venait de réunir autour d'elle un cercle nombreux et d'obtenir de vifs applaudissements. Inutile de dire qu'on a souri de sa prétention, et comme il s'en étonnait :

— Mais, aveugle, tu ne comprends donc pas que certaines femmes dansent uniquement pour attirer l'attention et ne se commettent avec d'autres que leurs cavaliers patentés. Que si tu veux parvenir à cet honneur, exerce-toi à te disloquer les bras et les jambes, choisis les mouvements les plus contractés de l'épilepsie, les grimaces les plus affreuses de la pantomime, alors seulement tu seras digne de leur donner la main.

Pour le consoler, je lui ai montré ces sages qui, peu envieux des triomphes de Terpsichore, passaient paisiblement leur soirée à boire de la bière.

— Mais que viennent-ils faire au bal ?

— Boire de la bière en musique ! Chacun prend son plaisir à sa guise.

Les bosquets étaient pleins de ces tranquilles consommateurs. Tout autour passaient les promeneuses, formes mystérieuses entrevues à travers l'ombre des massifs et à la lueur incertaine des réverbères : les unes, dans ces toilettes d'été fraîches et jeunes comme un rayon de printemps, les autres, couvertes de lourdes robes de soie, auxquelles la vanité les avait condamnées. Dans chaque couple qui passait ton cousin voulait voir Manon Lescaut et Desgrieux ; il raillait mon expérience qui se refusait à trouver l'amour et la passion semés à chaque pas. Tout à coup une apparition radieuse glissa auprès de nous ; un couple, le plus beau qu'on pût rêver, se promenait sentimentalement : c'était l'Amour et Psyché.

— Ah ! s'écria-t-il victorieusement, tu ne me diras plus qu'ici il n'y a que de la gaîté, et qu'on n'y rencontre pas de vrais amants !

— Suivons-les, dis-je, et je l'entraînai sous les bosquets.

Doucement inclinés l'un vers l'autre, les yeux dans les yeux, ils paraissaient isolés dans leur bonheur, et leurs lèvres semblaient murmurer le duo de don Juan.

— Mon ami, disait la jeune femme avec une voix de sirène, tu connais les exigences de la toilette, et ce que je te demande n'est pas déraisonnable.

Il ne voulut pas en entendre davantage et m'entraîna dans le bal. A la porte, une femme, dans le paroxysme de la jalousie, accablait son amant de reproches : c'était l'amour-propre blessé, empruntant le langage de l'amour. Plus loin, le couple le plus ennuyé promenait son visage terne au milieu de cette foule pleine de gaîté et d'animation : c'était un amoureux jaloux et chagrin, assez complaisant pour conduire sa maîtresse au bal, pas assez pour la laisser danser. A travers le dépit et la contrariété, sur le visage de la jeune femme perçait un sourire ironique et moqueur, qu'un fataliste aurait traduit ainsi : personne ne peut échapper à son sort.

La fin du bal approchait, et ton cousin la voyait venir avec peine.

— Ce n'est pas fini, lui ai-je dit pour le consoler; ce n'est que le premier acte, le second se passe chez la Rôtisseuse; c'est le plus intéressant, puisqu'il contient le dénoûment de cette mascarade de chaque soir.

La sortie n'était pas moins animée que le bal; partout retentissaient des cris, des chants de fête, et nos joyeuses compagnes paraissaient encore plus jolies dans cette demi-obscurité. Vois pourtant combien sont différentes les impressions sur les mêmes objets ! M. Veuillot a passé près de nous en disant son chapelet, et le lendemain il écrivait les lignes suivantes, pleines de cette onctueuse charité et de cet atticisme élégant qui a toujours été son partage :

« Tout à coup la rue est remplie de cris, de chansons, de hurlements : une centaine d'étudiants sortaient du bal avec des filles, et s'en retournaient au pays Latin. Ils n'étaient pas ivres; mais jamais la dernière populace des faubourgs, dans la fièvre du vin bleu, n'a troublé les airs de plus abjectes et de plus obscènes vociférations, que ces messieurs n'en faisaient entendre par pure gentillesse. Les guenons auxquelles ils donnaient le bras s'y joignaient d'une voix glapissante, et ces bestialités soulevaient des rires immondes qui retentissaient au loin (1). »

Quand nous arrivâmes chez la Rôtisseuse, la fête était déjà dans tout son épanouissement. La gaîté avait renversé les barrières de l'étiquette, et avec les bouchons étaient partis les derniers restes de la cérémonie. Ton cousin fut accueilli comme un ancien ami, chacun voulait le fêter, lui serrer la main l'un lui parlait droit, un autre médecine, un autre philosophie. Pour lui, il resta un moment étourdi au milieu de ces bruits divers qui, partant de chaque table, se réunissaient en une symphonie confuse et pleine de charmes : les cris, les chants, le choc des

---

(1) Louis Veuillot, *Les libres Penseurs*.

verres, tout se mêlait heureusement, et ce tableau si gai était encore animé par de jolies figures resplendissantes du triple éclat de la jeunesse, des lumières et du plaisir.

Deux voix fortes et retentissantes dominèrent un instant toutes les autres : c'était la dispute de deux rivaux ; les femmes jetaient leurs éclats de rire au milieu de ces colères grondantes. Heureusement on leur annonça que l'objet de leur querelle venait de s'enfuir avec un troisième larron; ils se tendirent la main et demandèrent une bouteille de champagne, disant que ce liquide frelaté devait seul être versé pour une semblable cause.

Ma voisine vint s'asseoir à notre table, et, en buvant un verre de champagne, me murmura très-fort à l'oreille :

— Sais-tu que j'ai un caprice pour ton ami.

Ton pauvre cousin passa par toutes les nuances du rouge cramoisi, et allait balbutier je ne sais quoi, quand je l'interrompis :

— Ma toute belle, c'est réciproque; mais mon ami est chevalier de Malte. Il a fait vœu de chasteté (elle sourit d'un air incrédule) et de pauvreté.

A ce dernier mot elle se leva toute sérieuse :

— Alors, j'attendrai qu'il soit relevé de ses vœux.

Et elle alla en chantant s'asseoir à une autre table.

La salle s'était vidée peu à peu, les murs étaient redevenus silencieux : nous descendîmes comme tous les autres. Au comptoir, un imprudent qui avait consulté sa galanterie plus que sa bourse, était forcé de laisser sa montre en gage. Une foule de voitures stationnait devant la porte. Deux femmes qui ne paraissaient pas avoir envie de dormir, s'installaient dans une calèche découverte.

— Nous accompagnez-vous au bois de Boulogne? nous crièrent-elles de leur voix la plus séduisante.

J'en lus le désir dans les yeux de ton cousin, et nous prîmes place à côté d'elles. C'était une nuit calme, une fraîcheur délicieuse passait sur nos fronts; les étoiles semblaient sommeiller au fond du lac. Je ne sais quel chemin prit notre cocher, mais nous étions à la porte de Madrid.

— Ah! nous allons déjeuner, s'écrièrent nos compagnes en s'élançant hors de la voiture.

— Mais nous sortons de souper, me dit tout bas ton cousin.

— Qu'importe! elles n'y regardent pas de si près.

Le soleil nous trouva en train de prendre le café

— Oh! le beau temps! allons à Saint-Germain, exclamèrent encore nos joyeuses commères, moins endormies que jamais.

Ton malheureux cousin dormait debout; mais il ne voulut pas reculer ; il prit une seconde tasse de café, et on partit.

Naturellement il fallut déjeuner en arrivant à Saint-Germain et prendre des forces pour la promenade. Nous avons parcouru la forêt à cheval et à pied, et nous sommes allés dîner. Enfin nous revenions harassés et n'aspirant qu'à retrouver notre lit, quand l'orchestre de Mabille a réveillé nos infatigables voyageuses.

— Allons au bal ! se sont-elles écriées vivement, en secouant leur sommeil comme on rejette un vêtement.

Cette fois ton cousin les a laissées aller sans lui, trop désireux de son lit, où il a presque fallu le porter : il voulait rester dans la voiture et continuer son somme. Ce matin je l'ai réveillé encore tout rompu de sa fatigante odyssée.

— Et nos compagnes? m'a-t-il demandé.

— Qui sait? peut-être sont-elles encore à Saint-Germain.

— Mais elles ne dorment donc jamais?

— Si, mais quand elles ont le temps ! Le sommeil ne saurait interrompre leur course à travers cette vie de plaisir et d'aventures. Elles ne se reposent qu'en se trouvant au bout de leurs forces, c'est-à-dire jamais : comme le soldat sous les armes, elles tombent, mais ne s'arrêtent pas.

— Je leur souhaite bien du plaisir, et je n'ai pas envie de les suivre.

— Mon ami, tu viens de voir notre vie. C'est chaque jour la même chose. Seulement tu l'as vue en vingt-quatre heures, au lieu d'y consacrer trois ans ; c'est une grande économie de temps et d'argent. Quand tu voudras recommencer, je suis tout prêt à t'accompagner de nouveau.

Il m'a remercié, disant qu'il en avait assez, et a quitté Paris, très-content de son expérience.

Tu verras bien si son récit s'accorde avec le mien, et s'il met de la modération dans le nombre de ses bonnes fortunes.

Adieu, mon ami; viens donc me voir pour que je te fasse faire aussi un voyage à travers le quartier latin.

XXI

Un peu d'économie politique. — Des miracles. — La bande noire. — Avis aux pères de famille. — Rothschild. — Autopsie morale. — Une femme à la mode. — Pourquoi l'Amour est devenu frileux. — Alexandre et sa veuve.

Dans tout Etat civilisé, le budget est la partie principale, c'est lui qu'on vote le premier ; peu importe le reste. Nos économistes gémissent profondément en voyant les proportions énormes qu'il acquiert chaque année ; une seule chose les console, c'est de voir celui des autres nations s'accroître également. Quelle ample matière à récriminations s'ils connaissaient le nôtre ! Chose merveilleuse, qui ferait croire au miracle, s'il y en avait encore ! depuis plus de trente ans notre budget, rebelle au progrès, est resté stationnaire. Le prix de la vie a doublé, celui des inscriptions s'est démesurément élevé; peu importe à notre Chambre, qui, par un abus criant, réunit en ses mains les deux pouvoirs exécutif et législatif : les yeux fixés sur le passé, elle refuse obstinément d'en sortir, et n'a pas encore compris le grand axiome moderne : dépenser, c'est être riche.

Je te le demande, est-ce un budget bien organisé que celui où les frais de représentation, les dépenses secrètes, et mille autres détails manquent absolument ? Aussi ne nous resterait-il d'autres ressources que la banqueroute, si nous n'avions recours aux expédients, comme tous les gouvernements du monde. Nous avons d'abord les contributions indirectes levées sur les oncles, tantes, cousines et amis de province : c'est un impôt de droit divin. Mais l'impôt étant un mal, comme disent les grands journaux, il s'épuise vite et ne profite guère, nous forçant bientôt à recourir à l'aliénation du domaine de la couronne, à la vente des biens nationaux, tels que vieux habits, vieux livres, quelquefois même les neufs. L'histoire a dû t'apprendre que de tout temps ces ventes ont été peu fructueuses, et, depuis la bande noire jusqu'aux marchands d'habits, ces pauvres gouvernements en détresse ont été rudement exploités. Les marchands d'habits sont sans contredit les plus voleurs, et je ne sais quel diabolique instinct les pousse à se montrer, surtout les jours de bal et de fête; leur voix rude et métallique résonne alors plus douce que celle d'une sirène.

Reste enfin la ressource suprême de l'emprunt, pierre de touche de la richesse d'un État; à ce compte, nous devons être millionnaires. Certes, ce n'est pas pour nous vanter, mais il y a tel gouvernement de l'Europe plus embarrassé que nous pour trouver de l'argent; et pourtant ce n'est pas Rothschild qui soumissionne nos emprunts; notre papier est, je crois même, le seul qui manque à son portefeuille. Aussi faisons-nous comme tout le monde : nous empruntons largement, laissant à l'avenir le soin de nous acquitter. Tant de gens d'ailleurs se montrent heureux d'être nos créanciers, qu'il serait peu charitable de leur refuser ce plaisir : maîtres d'hôtel, de café, de restaurant, et tous nos fournisseurs en général.

Le créancier des temps modernes n'est plus cet homme timide des comédies classiques, osant à peine réclamer son argent, et bien heureux de sauver son dos des coups de bâton. Le siècle a marché; maintenant il se drape fièrement dans sa dignité et son habit noir ; le Code en main, il ne tremble plus, loin de là. Mais l'âme du commerçant est restée la même : c'est toujours cet heureux mélange d'intérêt et de complaisance ; tous autres sentiments le cèdent à ceux-là, et, relégués sur le second plan, ne se montrent que lorsqu'ils veulent bien leur céder un instant la place. Femmes, filles, enfants, tout doit servir à la prospérité du commerce, contribuer au service de la maison. Je me rappelle encore ma surprise : la première fois que j'entendis un de mes amis dire à la fille de son maître d'hôtel, belle enfant de quinze ans :

— Mademoiselle, si ma maîtresse venait, vous voudriez bien lui remettre ma clef et la prier de m'attendre.

Je craignais de la voir rougir, mais elle répondit en souriant et sans trouble aucun :

— Laquelle, monsieur ? Depuis quelque temps il y en a plusieurs qui sont venues vous voir.

Maintenant j'y suis habitué, et je ne m'étonne pas quand j'en vois une goûter au fruit défendu, qu'elles voient mordre à belles dents sous leurs yeux.

Il y a quelques jours un de mes amis vit entrer chez lui son tailleur, qui est en même temps son créancier. Celui-ci le rassura bien vite sur ses intentions, et, loin de lui demander de l'argent, s'offrit à avoir l'honneur de lui en prêter. Tu juges si cette offre a été acceptée. Depuis quelque temps, il était amoureux de la danseuse du Prado la plus à la mode, et il pensa qu'un semblable auxiliaire lui pourrait être de grand secours.

La belle, en effet, trouva que cette fois il parlait d'or, et ne put moins faire que d'être convaincue de son amour. Le voilà donc l'amant de la femme la plus jolie, ou du moins qui passe pour telle parmi nous. Toutefois, semblable célébrité n'est pas sans inconvénient : il ne pouvait aller nulle part sans voir sa maîtresse connue et saluée de tous ; d'aucuns même l'abordaient très-familièrement. Mais son amour, qui est de robuste constitution, soutenu par une vanité non moins grande, a fait bon marché de ces légers désagréments. Que pouvait-il désirer de plus? Aux yeux de tous, elle affichait une grande passion ; elle lui donnait la satisfaction de se promener triomphalement à son bras, ce qui n'était pas son moindre bonheur.

Mais, hélas! nous ne sommes plus au temps de la mythologie, où l'Amour s'en allait vêtu seulement de son carquois ; il est devenu frileux, et ce n'est pas petite affaire que d'être chargé de sa garderobe. A ce métier, les bourses les mieux garnies se fatiguent bien vite. C'est ce qui arriva à mon malheureux ami. Un beau matin, il se réveilla tout seul, avec mille francs de moins et une expérience de plus. Cette passion vivace s'était éteinte, frappée au cœur par les sons lugubres que rendait son porte-monnaie vide. Le lendemain, le hasard lui ramena son tailleur, toujours aussi facile, aussi obligeant ; cette fois, il se garda bien d'accepter.

— Heureusement, il n'est pas venu hier ! s'est-il écrié ; sans cela, cette leçon m'eût coûté bien plus cher.

Et il a inscrit une dette de plus à son passif, ajouté une page nouvelle à ses mémoires.

Quelques-uns d'entre nous ignorent les barrières que l'argent oppose à nos désirs. La fortune semble les avoir favorisés en leur souriant dès leur jeunesse. Sont-ils dignes d'envie ? Je ne sais ; mais, jusqu'à présent, j'en doute encore. Hier, nous avons accompagné un de nos amis ; c'était justement un de ces enfants gâtés du hasard qui semblent ne pas connaître de frein à leurs caprices. Il a jeté d'une main prodigue ces richesses dont il semblait ignorer le prix, et, une fois la source tarie, il a pris l'habit militaire. Il y avait quelque chose de touchant dans cet adieu. Nouvel Alexandre, il n'a gardé que l'espérance, distribuant à ses amis les derniers souvenirs de son ancienne splendeur. Nous sommes partis en chantant notre refrain classique :

> Te souvient-il qu'une troupe serrée,
> Quand l'un de nous au pays retournait,
> L'accompagnait, et sa veuve éplorée
> Marchait en tête, et jusqu'au soir pleurait.

Un havresac sur le dos, et, comme Bias, portant tout avec lui, il ouvrait la marche d'un pas joyeux et content. En montant en voiture, son stoïcisme s'est démenti un instant. Il nous a embrassés avec émotion ; même j'ai cru voir une larme trembler au bord de sa paupière. Mais bientôt sa fermeté a pris le dessus, et il a disparu en nous envoyant un dernier adieu.

P. S. Je dois rendre cette justice à sa maîtresse, qu'elle a fait mentir la chanson : elle a pleuré jusqu'au lendemain.

XXII

Une maison de campagne économique. — **Le Luxembourg et les îles Borromées.** — Profonde pensée des économistes. — Le tabac civilise. — Qu'est-ce que le bonheur? — Histoire d'un vieil étudiant. — Un déclassé. — Au clair de la lune.

Tu me demandes comment je fuis ces chaleurs étouffantes : n'ai-je donc point ma maison de campagne à ma porte, le Luxembourg? L'hiver, quand la neige étend son tapis silencieux dans ces immenses allées, que ses mille branches dépouillées se perdent dans une brume bleuâtre, j'aime à m'y promener, et mon imagination me reporte à ces solitudes du nord, que nous avons traversées ensemble. Au printemps, je le vois se parer de fleurs et de verdure ; les marronniers séculaires se couronnent de panaches en signe de fête, et tout autour les héroïnes de la France, dans leurs blanches robes de statues, semblent sourire au réveil de la nature. Maintenant les grands arbres me versent l'ombre et la fraîcheur ; et le soir, quand la brise m'apporte le parfum des orangers, je me crois encore dans les bois odorants des îles Borromées.

Aussi chaque jour ces ombrages abritent une foule nombreuse : des femmes, des vieillards, des enfants et des rêveurs, tous gens inutiles à la société, comme disent les économistes. Une terrasse surtout a plus que les autres le privilége de la foule et du monde élégant. Les paisibles matrones du quartier y ont élu domicile. Elles en font leur maison de campagne et ont leur place marquée comme au spectacle. Là elles passent leur journée à lire, à travailler, à causer surtout ; car le diable n'y perd rien, et aucun détail n'échappe à des regards si curieux, à des langues si bien aiguisées.

Parmi les hôtes habituels de cette terrasse, il en est un que je suis toujours sûr de rencontrer : c'est un homme accompagné de sa petite fille. Dire s'il est jeune ou vieux, je ne le saurais : c'est une énigme vivante, qui plus d'une fois a excité ma curiosité. Invariablement courbé sur un banc ou renversé sur une chaise, il semble aspirer avec délices les rayons du soleil. Est-il plongé dans une méditation profonde, ou enfoncé dans cette oisive contemplation qui fait le bonheur des Orientaux? Je l'ignore. Je n'ai encore eu d'autres rapports avec lui que ceux de fumeur : le tabac est un grand civilisateur, quoi qu'en disent quelques moralistes chagrins !

Hier soir, je me suis trouvé assis auprès de lui. La musique venait de finir, nous laissant pour adieu cette sublime élégie de la favorite : O mon Fernand !

— Que c'est beau! murmura-t-il. Les chants de joie sont quelquefois importuns, mais la tristesse et les regrets trouvent toujours un écho au fond de notre âme !

Je le regardais, étonné de ses paroles et de son air : sa physionomie s'était transformée ; des yeux pleins de feu animaient cette figure ordinairement morte et sans expression.

— Ah! je comprends votre étonnement, me dit-il. C'est que..... Et un sourire d'indicible tristesse erra sur ses lèvres.

Je respectais son silence. Au bout d'un instant il reprit :

— Vous êtes étudiant, n'est-ce pas? moi aussi je

l'ai été..... Si je pouvais revenir à ce temps-là!.....
Écoutez, j'ai rompu le silence, je vais vous dire mon
histoire; peut-être vous sera-t-elle profitable.

Je m'approchai de lui, et il parla en ces termes :

— C'est une belle chose que la jeunesse quand
elle s'épanouit en liberté, à l'abri des préoccupations
matérielles, exempte de tout devoir, et dans une
âme ouverte aux enchantements de la poésie! Trop
belle chose, hélas! c'est un vin qui enivre perfi-
dement. Elle s'est levée pour moi riche de tous les
dons qui peuvent la faire envier, m'apportant la
fortune et l'indépendance, ouvrant une carrière
immense à mes désirs, un espace sans bornes à mon
imagination. Sans doute les anciens avaient raison
en disant que les dieux comblent de biens leurs
ennemis qu'ils veulent perdre!

Pour dernier malheur, je trouvai une maîtresse jeune, jolie et sage, dont je fus le premier et l'unique amant. Vous ne comprenez pas
que ce soit un malheur; mais si un souhait m'est
permis, c'est que l'amour vous soit toujours amer
et décevant. — Pour moi, qui l'avais trouvé facile
et plein de charmes, je ne songeais plus qu'à jouir
de tous ces biens que le ciel avait semés sous mes
pas. Si quelque nuage traversait mon bonheur, ce
n'était point la crainte de le voir finir, mais de ne

pouvoir en savourer tous les enchantements. Comme dans ces jours de printemps où le soleil semble se lever plus radieux, la nature s'éveiller plus séduisante, l'âme émue contemple avec ivresse ce magique spectacle, croyant à une admiration sans fin, à une extase éternelle. Ainsi je croyais ne jamais épuiser les délices de cette coupe que mes lèvres pressaient avec transport : retiré dans mon bonheur, comme dans un asile inviolable, le monde avait disparu pour moi. En vain mes compagnons me quittaient les uns après les autres pour retourner dans leur famille, leur départ ne m'apportait aucun enseignement : la comparaison me manquait pour m'avertir de la fuite du temps, qui semblait s'être arrêté pour moi seul. Parfois des lettres de ma mère arrivaient pleines de prières et de supplications, dont la voix du plaisir avait bientôt étouffé jusqu'au dernier murmure. Etais-je heureux? je le croyais alors; mais le bonheur laisse après lui une trace lumineuse, et quand je regarde en arrière je ne trouve plus qu'une route obscure, où mon imagination remonte avec peine.

Un coup terrible vint me rappeler à la réalité : ma mère était mourante, et je n'arrivai que pour recevoir son dernier adieu.

Auprès de cette couche funèbre, la raison me fit

entendre, pour la première fois, sa voix austère. Je pensai à mon avenir, à cette vie qui avait été la mienne jusqu'à ce jour. Mais habitué à m'affranchir de tout devoir, de tout lien, à laisser couler mes jours au gré de la paresse et de la fantaisie, comment embrasser une existence nouvelle, sérieuse sans doute, mais sévère au premier abord, hérissée de mille contraintes, semée à chaque pas de mesquines et misérables nécessités? Un abîme m'en séparait, et nulle main secourable ne s'offrait pour m'aider à le franchir. La solitude s'était faite autour de moi; les rancunes, les préjugés de province m'entouraient de leurs barrières; mes amitiés mêmes avaient disparu, englouties dans le naufrage de mon amour. Une main tendue vers moi, et j'étais sauvé ! Elle ne vint pas.

Je retournai à Paris; et malgré mes sages résolutions, l'habitude et la faiblesse me firent bientôt retomber dans des liens qui déjà commençaient à me peser.

Tout à coup, il s'arrêta ; un nuage passa sur son front.

— Oh! voyez! dit-il.

Radieuse de grâce et de beauté, une jeune fille passait devant nous, comme une apparition glissant dans l'air fluide et transparent : un instant son profil se dessina sur un nuage empourpré : on eût dit une vierge emportée dans un nimbe d'or et d'azur.

— Ah! s'écria-t-il d'une voix déchirante, voilà mon expiation de voir passer devant mes yeux, suivies de l'admiration et du respect de tous, ces jeunes filles dont une peut-être eût été ma compagne. Parfois je me glisse silencieusement au Théâtre-Italien : je contemple d'un œil ardent ces femmes élues, pour qui les fleurs, les lumières et les diamants n'ont pas assez de feux, dont la beauté ne trouve pas de tissus assez légers, de gazes assez transparentes. Alors quand je me sens banni de ce monde privilégié, que le luxe, l'élégance et l'éducation environnent d'un prestige irrésistible, un désespoir immense descend dans mon âme, je m'enfuis en pleurant pour cacher ma douleur à tous les yeux. Quand, après de longues heures, je rentre à mon foyer désert, ma maîtresse craintive épie sur mon front la trace de mes chagrins dévorants; les baisers de ma fille eux-mêmes sont impuissants à ramener le calme dans mon cœur. Ah! ma fille, c'est ma vie, mon existence! sans elle peut-être me serais-je affranchi par la mort d'une position dont je n'ai pas le courage de sortir autrement! Un jour j'épouserai sa mère, pour lui donner un nom; mais ce moment, que je recule sans cesse, doit m'attacher pour jamais à une chaîne détestée. Un sacrifice seul m'a été impossible : pour elle je n'ai pu renoncer à cette solitude à laquelle je me suis condamné. N'ai-je point assez de ces rencontres soudaines, qui, présentant à mes yeux les spectres du passé, tirent brusquement mon âme de cette paisible léthargie dont je me suis fait une étude? Pour oublier je n'ai point recours à l'ivresse; mais je me suis banni du monde de l'intelligence et de l'étude, j'ai fait autour de mon imagination la solitude et le silence, pour l'endormir, comme un enfant malade : seul bonheur auquel j'aspire désormais, et que j'espère bientôt atteindre.

Il se tut et retomba dans une profonde rêverie, dont il fut tiré par sa fille, qui vint se jeter en riant dans ses bras. Il se leva pour partir :

— Adieu! dit-il, en me tendant la main.

— Plutôt au revoir!

— Non, jamais nous ne nous reverrons, s'écria-t-il avec un sourire d'amère résignation. Je dois vivre seul et sans amis; à ce prix est mon repos, et vous ne savez pas combien de jours il me faudra pour oublier cette soirée! Puis, me pressant la main convulsivement, il disparut emportant sa fille entre ses bras.

Je le suivis un instant des yeux, et je m'en allai

tout rêveur à travers le jardin. Penchée à l'horizon, la lune descendait lentement de la voûte céleste; ses rayons s'allongeaient dans les vastes allées, ou, glissant à travers l'épais feuillage, versaient des clartés mystérieuses. De toute part montait un bourdonnement confus : des groupes passaient joyeux; on voyait des couples effarés chercher l'ombre et le silence, et, dans les retraites écartées, on entendait des conversations à voix basse et des baisers étouffés. Encore sous l'impression de ce triste récit, j'allai songeant à cette jeunesse, qui, insoucieuse de l'avenir, se précipitait avec ardeur vers le plaisir. Peu à peu ce bruit sourd diminua, comme l'écho affaibli d'une symphonie qui s'éteint, et tout retomba dans le silence.

XXIII

L'oracle de Delphes. — Le puits de la vérité. — Un Socrate moderne. — La clémence de l'amour. — Une page de Larochefoucauld. — La colère d'une femme. — L'amour et la vanité. — Un acte de vertu.

Tu te souviens de cet oracle de Delphes qui avait gravé sur la porte de son temple : Connais-toi toi-même. La belle malice, en vérité, que de trouver semblable maxime! Il fallait plutôt enseigner le moyen d'y parvenir, et l'oracle discret avait gardé le silence sur ce point. Je ne suis pas un oracle, tant s'en faut, mais je crois avoir trouvé le mot de l'énigme. Un proverbe veut que la vérité sorte de la bouche d'un enfant, mais elle s'échappe bien plus sûrement de celle d'une femme en colère. Le hasard, père des grandes découvertes, vient de me révéler ce secret. Je suis tombé l'autre jour chez un de mes amis, au beau milieu d'une scène d'intérieur : sa maîtresse l'accablait de reproches et d'invectives; elle se montrait aussi acerbe, aussi acariâtre que peut l'être la femme la plus légitime. Ma présence, loin de calmer son humeur irritable, fut un aiguillon de plus pour ses éloquentes objurgations.

— Oui, criait-elle, vous n'êtes qu'un fat! Vous croyez toutes les femmes amoureuses de vous ; votre vanité ne fait grâce à aucune. La plus laide pécore fera de vous ce qu'elle voudra, et vous paraîtra plus belle que Vénus, si elle a le bon goût de louer votre figure et votre esprit.

Longtemps elle a continué sur ce ton, passant en revue, avec une précision merveilleuse, tous les petits ridicules par lesquels mon pauvre ami paie son tribut à la faiblesse humaine. Quant à lui, calme et impassible, il voyait ce torrent d'injures expirer à ses pieds avec une tranquillité d'âme digne de Socrate. Cette scène m'a donné une haute idée de la perspicacité de sa maîtresse, et en général de

12.

toute femme éclairée par la colère. Aussi me suis-je bien promis de me faire tracer quelque jour mon portrait par une amie intime de mauvaise humeur.

Tu vas croire nos deux amants brouillés après une sortie aussi vigoureuse. Une heure n'était pas écoulée, qu'ils avaient déjà tout oublié. Rien n'est clément comme l'amour, et il est bien patient, pour n'être pas éternel. En réunissant tous les exemples que j'ai eus sous les yeux, je pourrais faire un long traité sur la clémence, avec cette épigraphe : « Il a beaucoup pardonné, parce qu'il a beaucoup aimé ! »

Mon ami a encore une prétention, qu'il partage d'ailleurs avec beaucoup d'autres : c'est de vouloir paraître ne pas tenir à sa maîtresse, et même la subir avec résignation. A le voir promener partout son bonheur mélancolique, ou abréger par des parties de piquet les longues heures de son éternel tête à tête, on serait tenté de le croire; mais si sa maîtresse le quitte un instant, ce n'est plus l'ennui, mais un véritable désespoir qui se peint sur sa figure, et l'on comprend que de deux maux il ait choisi le moindre. Et pourtant, lui qui se fait si petit garçon sous la férule féminine, a été un de nos plus gais compagnons. Il fallait le voir, brillant coureur d'aventures, traiter l'amour de chose légère, et plaindre les malheureuses victimes vouées à la fidélité conjugale. L'antiquité y aurait vu une vengeance de l'amour, qui très-souvent a signalé son pouvoir par de semblables retours. Sa maîtresse y trouve une autre cause.

C'est une jolie fille, folle, hardie, amusante et capricieuse, capable de tout, même de fidélité, si jamais semblable fantaisie lui passait par la tête. Elle a été quelque temps à la mode parmi nous, ce qui lui a donné sur l'amour des idées très-originales : elle prétend que la vanité y entre pour les trois quarts, lorsqu'il ne prend pas toute la place ; c'est tout le système de Larochefoucauld, et pourtant je jurerais bien qu'elle ne l'a jamais lu.

Dans ses rares moments de bonne humeur elle nous fait ses confidences avec une naïveté charmante.

— Une femme, nous disait-elle l'autre jour, est l'esclave de son premier amant ; mais elle s'en venge bien sur les autres. (Inutile de dire que depuis longtemps elle n'est plus à son premier.) Avec nous l'homme est pétri d'amour-propre, et nous donne lui-même des armes. Mes caprices ont lassé quelquefois l'amour, jamais la vanité, plus généreuse et plus enracinée dans le cœur. Tel nous regardait hier comme la dernière des femmes, qui jurerait de notre vertu, aujourd'hui que nous lui appartenons.

Et en débitant ces maximes, elle jette un regard de défi à son amant, qui de son côté sourit dans sa barbe. Car leur amour est une lutte, c'est à qui dominera l'autre, et, comme dans toutes les guerres possibles, chacun se réjouit de la victoire. Ce lien est plus fort que tout autre, et semble les destiner à un attachement sans fin. Souvent ils ont essayé de le rompre, mais en vain. Une fois entre autres, poussée par la colère, elle a fait son paquet, et transporté ses lares chez un jeune homme qui soupirait pour elle depuis longtemps. Mais celui-ci, effrayé d'un si grand bonheur, s'est empressé de la réconcilier avec son amant, dont il est devenu l'ami le plus intime : et depuis, la lutte continue avec des chances inégales.

L'autre jour je l'ai surprise faisant l'école buissonnière. Loin de fuir mes regards, elle est accourue au-devant de moi, et me regardant en face :

— Vous savez qu'il est inutile de dire à mon amant que vous m'avez rencontrée. D'ailleurs je le nierais. Et puis, si vous voulez vous brouiller avec lui, à votre aise, vous serez le troisième !

Et elle a disparu après cette franche déclaration des droits de la femme. J'en ai conclu naturellement que le combat était terminé. En effet, le lendemain j'ai revu mon ami, qui m'a abordé d'un air joyeux.

— Ah ! je savais bien que j'en aurais raison! s'est-il écrié; j'ai mâté ce caractère indomptable. Ce n'était pas chose facile, mais la voilà enfin soumise. Vraiment elle commence à s'attacher à moi, et je ne crains plus qu'une chose, de la voir aller jusqu'à la passion.

Et il s'en est allé tout fier et se frottant les mains.

A ma place tu aurais fait le Caton et porté le désespoir dans cette âme confiante. J'ai une autre manière de voir. Les gens heureux sont si rares, qu'ils me sont chose sacrée, et, leur bonheur fût-il de verre, je me garderais bien de souffler pour en renverser le frêle édifice.

Je laisse le soin de le désabuser au temps, ce maître inflexible qui nous conduit insensiblement de la folie à cette sagesse, dont nous sommes si fiers le jour où elle nous est imposée. A lui je dois déjà de rester spectateur désintéressé au sein de cette foule qui, si souvent, m'a entraîné dans son tourbillon. De frais visages passent près de moi sans troubler mon cœur, sans éveiller ma curiosité ; je sais qu'aucune énigme n'est cachée sous ces charmants dehors, et qu'il ne faut pas demander autre chose à ces lèvres roses que de sourire, à ces jolis yeux que de s'animer de l'éclat de la gaîté.

Et ne crois pas que je me vante, je viens de donner un exemple de continence qui me place à côté de Scipion, si ce n'est au-dessus. Une foule nombreuse était réunie hier soir chez mes voisins, charmants garçons, nés viveurs comme d'autres naissent poëtes : ils n'ont d'autre souci que de s'amuser, et, loin de craindre de voir tomber le ciel sur leur tête, ils redoutent seulement que la terre vienne à manquer à leurs plaisirs.

Il y avait un souper; c'est dire qu'aucune des invitées n'a manqué. Dans notre petit monde comme dans le grand, ce détail est fort apprécié. J'ai dû céder mon lit à une étrangère du quartier Bréda venue sans cavalier, et j'ai cherché un asile sur le canapé d'un de mes amis. Je suis d'ailleurs coutumier du fait, et il m'arrive assez souvent de trouver mon domicile envahi. Le phalanstère est fort en honneur parmi nous, et nous sommes encore trop nomades pour avoir le sentiment de la propriété, ce raffinement des peuples civilisés.

Ce matin, en rentrant dans ma chambre, j'ai trouvé ma jolie hôtesse reposée et fraîche comme l'aurore.

— Quelle reconnaissance ne vous dois-je pas !

m'a-t-elle dit, en me prenant les mains avec effusion.

— Aucune, madame, en vérité! et tout autre en eût fait autant à ma place.

— Certainement... mais cette complaisance désintéressée me gêne singulièrement... et je vais presque me croire engagée envers vous... (Tu devines sans peine que la veille, entre deux verres de champagne, j'avais prodigué les madrigaux et les déclarations qui, par un sort fatal, au lieu d'un cœur brûlant, avaient trouvé un estomac affamé.)

— Ne le croyez pas, madame. Un semblable sentiment souillerait ma gloire et diminuerait mon plaisir de vous offrir l'hospitalité.

— A vous voir vous défendre ainsi de ma reconnaissance, je parierais que vous m'avez mal jugée hier soir... Mais vous savez que les femmes sont capricieuses... souvent elles disent non quand elles ont envie de dire oui.....

Je tirai ma montre :

— Comment, déjà onze heures! on nous attend pour déjeuner.

— Tenez, fit mon interlocutrice en quittant le canapé où elle était assise près de moi, et en faisant supporter à son chapeau tout le poids de son dépit et de sa mauvaise humeur, vous croyez connaître les femmes, mais vous n'en savez pas le premier mot.

Et elle sortit sans me saluer.

Tout fier de ma victoire, j'allai me regarder dans ma glace. Mais, hélas! pas la moindre auréole autour de mon front. En descendant au fond de mon cœur, j'ai trouvé que ma vertu ressemblait à tant d'autres qu'on admire de confiance, et qu'elle n'était pas sans mélange.

XXIV

La dernière illusion. — Comment on devient avocat. — Un Cujas en jupons. — Homère et la thèse. — Respect pour la tradition. — *Orbi et urbi*. — Oraison jaculatoire. — Vanité de la gloire humaine. — Charité bien entendue. — Une lettre de change sans endosseurs.

Incline-toi, mon ami, me voilà avocat!

L'autre jour le ciel était sombre; je ne sais quel vague et mystérieux ennui chargeait l'atmosphère; en vain, pour échapper à ses pénétrantes émanations, ai-je eu recours aux moyens qui m'ont réussi tant de fois : soins inutiles! remèdes impuissants! Je me suis aperçu avec terreur que mes illusions sont mortes. Paris n'a plus rien qui me soit inconnu ; la vie d'étudiant me semble monotone, et le plaisir lui-même est insipide à mon palais blasé. J'ai conclu que mon droit était fini, et que je pouvais passer ma thèse.

Or, voici de quelle manière la chose se pratique ici. J'ai été trouver la signora Fromont, la tête la plus forte de la Faculté. C'est une table vivante du Digeste, un répertoire ambulant du Code civil. On dit qu'on ne sait bien que ce que l'on aime : elle doit avoir terriblement aimé le droit au temps jadis, pour le posséder si bien aujourd'hui ! A peine avais-je prononcé les premiers mots de ma thèse, qu'elle a achevé la phrase, nommé le chapitre, indiqué la page, et même désigné la ligne du Digeste; puis, avec une autorité de prophétesse, m'a montré d'un doigt fatidique la case où se trouvait l'objet de ma demande.

Il faut te dire que les archives de la Faculté renferment une centaine de sujets de thèses, qui n'ont jamais varié depuis un temps immémorial. De même qu'Homère a servi de modèle aux poëtes épiques venus après lui, ainsi la première thèse a été copiée par toutes celles qui l'ont suivie. On a bien déplacé ici un point, là une virgule, changé un mot ou, chose rare, ajouté une phrase; mais on n'a commis aucune de ces interpolations qui défigurent aujourd'hui les plus beaux ouvrages de l'antiquité; et si dans quelques siècles nos œuvres doivent occuper les veilles de l'Institut, les savants n'auront pas à gémir à chaque pas en présence de textes contradictoires. Quelques novateurs dangereux se sont parfois trouvés, qui ont voulu sortir de la route tracée, et voler de leurs propres ailes : heureusement ils n'ont point trouvé d'imitateurs, et d'ailleurs ce respect pour la tradition nous honore!

Une fois muni de ce précieux document, je me suis mis à l'ouvrage : j'ai corrigé un barbarisme, donné à quelques phrases une tournure plus cicéronienne, et, respectant scrupuleusement l'œuvre de mes prédécesseurs, j'ai vu bientôt la fin de mon travail.

Restait la grande question de la dédicace. Tu comprends qu'on attache du prix à l'objet de tant de soins, de labeurs si nombreux : aussi est-ce la partie la plus importante. La plupart dédient leur thèse à tous les membres de leur famille, nominativement: quelle nomenclature dans une famille patriarcale! D'autres ne se contentent pas pour si peu : à leurs parents ils joignent leurs professeurs, leurs amis et leurs connaissances ; je pense que le respect humain seul les empêche d'ajouter au bas : *Orbi et urbi!*

J'hésitais entre l'une et l'autre de ces deux méthodes, quand une réflexion est venue arrêter ma plume. J'ai pensé que peu de gens seraient jaloux d'une œuvre qui m'avait coûté vingt-cinq centimes et la peine de la copier. Un seul pouvait en revendiquer la dédicace avec une juste raison, celui qui le premier l'avait tirée du chaos des institutions juridiques. Mais son nom se cache dans la nuit des temps reculés, et je me suis contenté d'une oraison jaculatoire en son honneur ; il en a sans doute été flatté, car son esprit est descendu sur moi, et mon épreuve a été un triomphe éclatant,

Aussitôt j'ai accablé de ma thèse parents, amis, connaissances. Malheureusement je n'ai pas d'ennemis ! J'en ai envoyé à Paris, en province, et jusqu'à l'étranger. Mais, ô vanité de la gloire humaine ! hier, en me promenant sur le quai, j'ai rencontré mon chef-d'œuvre à l'étalage d'un bouquiniste !

Nos rangs s'éclaircissent chaque jour ; un grand nombre s'est hâté de partir après avoir terminé son droit, quelques-uns même ayant complétement oublié de le faire. D'autres sont devenus philosophes, c'est-à-dire indifférents au plaisir, ce qui est absolument la même chose ; sagesse et satiété sont synonymes. Ils disent beaucoup de mal du présent, beaucoup de bien du passé, et concluent que depuis eux tout est bien changé. Qui sait? eux seuls peut-être ont changé! Chez les derniers l'ambition est venue; les voilà avocats stagiaires ou apprentis docteurs. Ils ont renoncé au plaisir, ostensiblement; on en trouve même qui se mettent de la société de Saint-Vincent-de-Paul, et d'autres associations charitables, espérant bien recevoir leur récompense en ce monde. Un de mes amis, entre autres, futur premier président, se croit déjà revêtu de l'hermine, et je le surprends parfois tout étonné de se voir encore tutoyé ou traité familièrement. J'étais hier chez lui, quand une fort jolie cliente de sa connaissance est venue le consulter. Il s'agissait d'une lettre de change souscrite à elle par un jeune homme. Comme elle n'a pu ou voulu dire quelle sorte de marchandise elle avait livré, il lui a conseillé de ne pas s'adresser aux juges, qui ne manqueraient pas de lui faire la même question. Elle est sortie en jurant qu'on avait bien eu tort d'appeler le crédit l'âme du commerce.

XXV

Conclusion. — Fleurs fanées. — Que dirait un pédant? — Ceux qui manquent à l'appel. — La jeunesse n'est point morte. — Regard sur l'avenir.

Cette lettre est la dernière que tu recevras de moi; je suis au milieu des apprêts de mon départ. En fouillant dans des coins oubliés, j'ai retrouvé mille souvenirs d'autrefois : ici un ruban, là un masque, plus loin un bracelet. Ces reliques du passé m'ont enivré d'un parfum de jeunesse; j'ai revu en un instant tant de jours heureux, tant d'heures désirables! Mais l'émotion a été courte, et j'ai abandonné au vent ces fleurs fanées qui ne doivent jamais refleurir.

Semblable est mon impression, quand je me retourne en arrière pour voir ma vie d'étudiant, ce prologue de la vie sérieuse, semé d'éclats de rire et de quelques larmes faciles à sécher. De doux souvenirs, quelques regrets sans amertume, voilà ce que j'y trouve, et, quelques efforts que fasse ma raison, elle ne peut se montrer trop sévère. Celui qui voudrait la scruter d'un œil pédant trouverait peut-être que ce n'est pas la peine de consacrer trois ans pour connaître aussi peu le droit que la plupart de nous. Mais un cabinet de notaire ou de magistrat renferme-t-il donc toute notre destinée? Avant tout, nous sommes hommes, et nous avons appris cette science de la vie, que tant de gens ignorent encore à leur heure suprême. Mêlée à de grandes idées, témoin de grands événements, notre âme s'est élevée, agrandie. Le plaisir a peut-être tenu dans notre vie une trop large place, mais lui-même nous a servi, je n'ose dire plus que la sagesse. Nos fautes, fécondes en enseignements, ont éteint de funestes curiosités, et, laissant dans notre cœur battre le sang vif et généreux de la jeunesse, ont mis sur notre front le calme et la paix du vieillard.

Si quelques-uns, rares heureusement, emportés par ce torrent rapide, se sont brisés sur les écueils, c'étaient des âmes faibles que la première lutte eût trouvées sans force et désarmées; les autres, comme Achille, sortis invulnérables de ces ondes fatales, s'élancent plus vaillants et plus jeunes. Oui, jeunes, quoi qu'en disent ces prophètes de malheur, qui vont criant partout que la jeunesse est morte : ce sont eux sans doute qui portaient naguère le deuil de la vaillance française. Nous n'avons pas eu notre revanche, mais nous savons que la jeunesse, comme jadis la royauté de la France, ne saurait mourir : elle est toujours prête, et c'est son éternel honneur, à se dévouer pour une noble cause, sans que l'intérêt ou l'ambition puissent enchaîner son essor aveugle et sublime! Quand, réveillés par des cris sinistres, nous cherchions autour de nous quelle voix nous appelait, un silence de mort nous répondait seul! Art, religion, politique dormaient sous un linceul; seule la Bourse nous envoyait ses échos frénétiques, et, insouciants, nous retombions sur le lit du festin! Maintenant, à l'heure du départ, si nous regardons sans envie, sinon sans regret, ceux qui avant nous ont laissé une mémoire impérissable, c'est que nous sentons que nous aussi nous eussions donné notre vie pour la justice et pour la liberté!

Qui sait d'ailleurs ce que nous garde l'avenir, et ne peut-on pas dire de la vertu ce que Solon disait du bonheur?

Je termine ma lettre, trop sérieuse peut-être, mais écrite sous l'empire de ces réflexions qui traversent comme un éclair la vie même la plus légère. D'ailleurs ces sentiments ne sont pas seulement les miens; en les traçant je songeais à tous mes compagnons, ces fous jeunes et charmants, chez qui j'ai trouvé toujours les idées les plus nobles et les plus généreuses.

Adieu, mon ami, je serai bientôt près de toi ; mes récits achèveront ce que mes lettres ont d'incomplet : je te dirai souvent ces histoires de jeunesse, que le temps va revêtir de ce charme doux et mystérieux qu'il laisse à nos souvenirs, pour nous consoler de sa fuite rapide.

FIN.

TABLE DES MATIÈRES

Pages.

ÉPIGRAPHE 1

I. Entrée en matière. — Corrège et le docteur Gall. — A quoi tient une vocation. — Les yeux en chemin de fer et les jambes au théâtre. — L'accent circonflexe et les gants blancs. — Un chapeau jaune et un châle rouge. — *Trepidæ matres*. — La première chose qu'on voit en arrivant à Paris. 3

II. Cours de géographie. — Abeilard et le vin de Champagne. — Plus de passeports. — Paradoxe : un ami est quelquefois utile. — L'être qui nous porte le plus d'intérêt. — Les colombes de l'hôtel Corneille. — Les couvents modernes. — Un confesseur dans le commerce. — Souvenir de la grande armée. 10

III. Une paroisse sans curé. — Les Quatre-Temps et le concierge. — Une personne trop honnête. — Les auditeurs infatigables. — Un chapitre de Tristram Shandy. — La bataille de Marengo et le chapeau jaune. . . . 16

IV. Le paradis terrestre et les bérets. — L'amour et le Palais de Justice. — Justinien au Prado. — Un lovelace en herbe. — Le renard et les raisins. 21

V. Un concurrent au prix Monthyon. — Liste des victimes écrasées par la foule à la porte de la Sorbonne. — Monsieur et madame Denis et Platon. — De la grâce sanctifiante d'après Jansénius. — La vertu forcée à perpétuité. 25

VI. La première aux Corinthiens. — Où peut mener une poularde truffée. — Du danger d'avoir une voisine et de la recevoir en robe de chambre. — La cruche cassée. — Un magot chinois et Victor Hugo. — Histoire du chaste Joseph, revue et augmentée d'un dénoûment. 30

VII. Le mois de juillet ramène les abricots et les examens. — Le doge de Venise à l'École de droit. — Alexandre Dumas et le Code civil. — La cigale et la fourmi. — Recette infaillible pour préparer un examen breveté s. g. d. g. — Comment on se fait des ennemis. — Les oreilles d'âne de Midas. — L'amour en vacance. — Le sermon sur la montagne. 40

VIII. Une singulière rentrée de collége. — La roue de la fortune et ses amies intimes.—Martyrologe conjugal.— Opinion de M. Prudhomme. — Un duo sans accompagnement. — Les armes d'Achille. — Un secret d'État. . 47

IX. Nouveau calendrier. — Le concordat. — Le punch et Ricord. — Le réveillon. — Les Bénédictins. — A quelle extrémité se voit réduit Justinien. — Ce qu'on trouve en cherchant une chambre. — Avis aux amants jaloux. — Mal incurable. — L'homme le plus heureux du monde. 52

X. A quoi peuvent servir les cornes d'un diable.—Georges Dandin déguisé en pierrot. — Nouvelle définition de la vertu. — Le singe et le dauphin. — Ce qu'on a trouvé une fois sous un masque rose, et qu'on n'y retrouvera certainement plus. — La tireuse de cartes et le cent-garde. — L'ombre de Brutus. 59

XI. Petit carême. — Le réalisme et le café chantant. — Les Hespérides modernes. — Est-il circoncis oui ou non? — Oraison funèbre de Guignol. — Quarante voleurs à Bobino. — L'esprit du hasard. — Un baptême sans dragées. 71

XII. Cours de médecine pratique. — Différence entre les sages-femmes et les femmes sages. — Leibnitz et Nélaton. — L'Amour médecin. — Pourquoi la fable lui a donné un bandeau. — Le bonheur du damné. — Un serment comme on en a tant fait 78

XIII. Méditation sur la blanchisseuse. — Sort réservé à Harpagon. — De cette histoire la morale la voici. — Comment on devient étudiante. — La naissance de Minerve. — Mémorable parole de César. — Un ami, un chien et une maîtresse.. 88

XIV. Les péchés véniels. — Il est avec le ciel des accommodements. — Les mariages turcs. — Homélie sur le petit nombre des élus. — Un petit-neveu de Tartufe. — L'aigle et le hibou.. 93

XV. Une page sérieuse de la vie. — Larme au milieu de rires. — Un enterrement au quartier latin. — Triste retour. 100

XVI. La comédie au quartier latin. — Avis aux directeurs de théâtre dans l'embarras. — Réhabilitation du public. 102

XVII. Crise commerciale. — Philosophie forcée. — Le péché originel. — Du rôle de la bière dans les discussions philosophiques. — Les figures de rhétorique. — Du bâton dans l'amour. — Poëte et séducteur. — Au café. — Cretaine.. 155

XVIII. Pourquoi l'on prend une maîtresse. — A quoi sert l'argent. — Une épître amoureuse. — Quiproquo du hasard. — Les caprices. — Au quartier Bréda. — Le moyen de parvenir. — Un original sans copie. 164

XIX. La grisette est un mythe. — Opinion de La Fontaine. — Le calicot et l'Auvergnat. — Histoire d'une descendante de Pénélope, par les femmes. — Opinion de Molière sur la fidélité. — L'adversité rend l'homme meilleur. . 173

XX. Train de plaisir à travers le quartier latin. — Un rêve d'or.— Les âmes des morts aux Champs-Élysées.— Une table d'hôte modèle.— La Closerie des Lilas. — La théologie et les danseuses.— L'Amour et Psyché.— M. Veuillot. — La Rôtisseuse. — L'âne et les trois larrons. — Vingt-quatre heures de plaisir. 172

XXI. Un peu d'économie politique. — Les miracles. — La bande noire. — Avis aux pères de famille.— Rothschild. Autopsie morale. — Une femme à la mode. — Pourquoi l'Amour est devenu frileux.— Alexandre et sa veuve. . 192

XXII. Une maison de campagne économique.—Le Luxembourg et les îles Borromées. — Profonde pensée des économistes. — Le tabac civilise. — Qu'est-ce que le bonheur ? — Histoire d'un vieil étudiant.— Un déclassé. — Au clair de la lune. 199

XXIII. L'oracle de Delphes. — Le puits de la vérité. — Un Socrate moderne. — La clémence de l'amour. — Une page de Larochefoucauld.— La colère d'une femme. — L'amour et la vanité. — Un acte de vertu. 208

XXIV. La dernière illusion. — Comment on devient avocat. — Un Cujas en jupons. — Homère et la thèse. — Respect pour la tradition. — *Orbi et urbi.* — Oraison jaculatoire. — Vanité de la gloire humaine. — Charité bien entendue.— Une lettre de change sans endosseurs. 217

XXV. Conclusion. — Fleurs fanées. — Que dirait un pédant ? — Ceux qui manquent à l'appel. — La jeunesse n'est point morte. — Regard sur l'avenir. 222

FIN DE LA TABLE.

OUVRAGES DU MÊME AUTEUR

LA PREMIÈRE NUIT DES NOCES

Un volume in-18.

POUR PARAITRE INCESSAMMENT

UNE HEURE DE COMÉDIE

EN PRÉPARATION

LES PHARISIENS

Étude de mœurs contemporaines.

Imprimé par Charles Noblet, rue Soufflot 18.

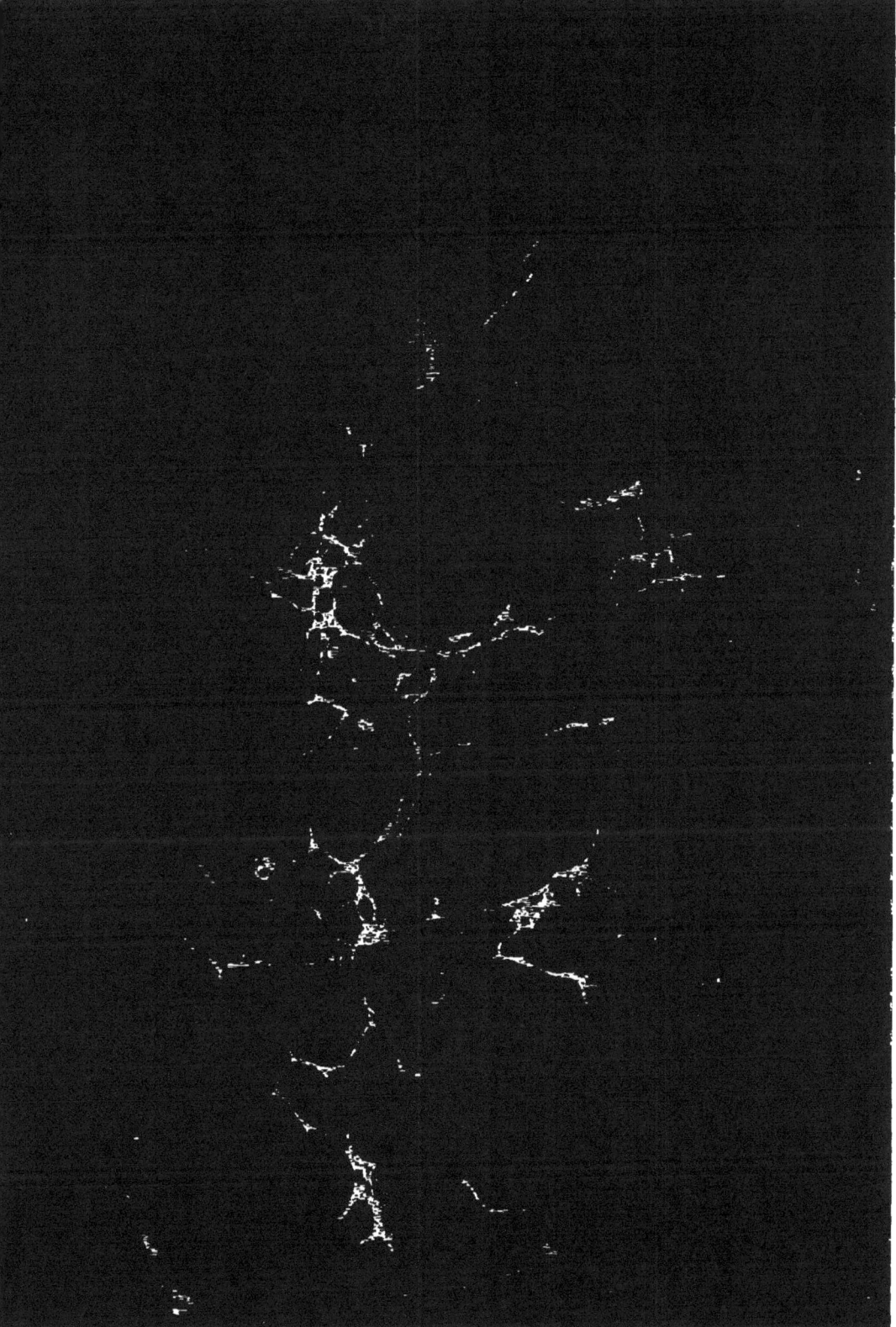

www.ingramcontent.com/pod-product-compliance
Lightning Source LLC
Chambersburg PA
CBHW072030170426
43200CB00025B/2386